CW01656148

ADOLFO PÉREZ AGUSTÍ

JABONES NATURALES

FÁCILES Y ARTESANOS

Editorial Dilema
Madrid, 2021

Para cualquier consulta o aclaración sobre
el contenido de este libro, puede escribir a
edicionesmasters@gmail.com

© Adolfo Pérez Agustí, 2021
© Editorial Dilema, 2021
Ibañez Marín, 11 - 28019 MADRID
Teléfono: 91 472 9071
info@editorialdilema.com
www.editorialdilema.com
I.S.B.N. 978-84-9827-526-1
Depósito legal: M-17348-2021

MASTERS Desarrollo integral de la persona tiene
número de registro: 1683101 Sección 1

Diseño de cubierta: Carmen Gonzalo Reyes
Maquetación: Carmen Alvear Guallart

Reservados todos los derechos. Queda totalmente prohibida la reproducción total o parcial de este libro por cualquier procedimiento electrónico o mecánico, incluso fotocopia, grabación magnética, óptica o informática, o cualquier sistema de almacenamiento de información o sistema de recuperación, sin permiso escrito del editor.

Impreso en España- *Printed in Spain*

Jabones artesanos

La mejor razón para usar jabón hecho a mano son los ingredientes. Básicamente, el jabón hecho a mano está elaborado de aceites vegetales y mantequillas que son ricos en antioxidantes, vitaminas y nutrientes que son esenciales para una piel saludable.

El jabón tradicional elaborado de forma masiva industrialmente se llama jabón, pero esas cosas comerciales que se obtienen en las tiendas no tienen nada que ver con eso. Cotidianamente disponemos de una variedad de limpiadores personales para elegir que están etiquetados como jabón desodorante, barras corporales, lavados corporales y otros productos, pero estos son sólo cócteles químicos hechos de detergentes e ingredientes sintéticos perturbadores que deshidratan y envejecen la piel, causan reacciones alérgicas y se han relacionado con varias formas de cáncer. El jabón hecho a mano es más saludable y uno de los aspectos más atractivos es que NO se agregan ingredientes dañinos e innecesarios para hacerlo.

Por poner un ejemplo, la glicerina no se agrega a una receta de jabón hecha a mano, pues se crea durante el proceso de fabricación del jabón. La glicerina es un emoliente precioso que suaviza y mantiene el equilibrio del agua al atraer la humedad a la piel y el jabón hecho a mano retiene toda la glicerina natural y produce una espuma rica y lujosa que no tiene paralelo a ninguna otra.

Cuando elabore un jabón hecho a mano, es obvio que ningún ser humano fue dañado, empobrecido o sometido a condiciones de trabajo durante el proceso. No se desperdiciaron comunidades ni hábitats naturales por la fuga de una gran fábrica de productos químicos y no se utilizan animales de laboratorio para probar esos productos.

Si sientes que la variedad es la sal de la vida, el jabón hecho a mano no te decepcionará. No importa cuál sea su tipo de piel o sus preferencias personales, siempre encontrarás un jabón adecuado. Además, hay un número infinito de recetas y sabores para elegir.

La elaboración de jabones artesanales en el hogar, incluso de jabones medicinales, conlleva paciencia y conocimiento suficiente, pues debemos tener en cuenta que estará en contacto con la piel y esta reaccionará mal si mezclamos productos inadecuados o de modo incorrecto. Es por esto que antes de comenzar los procedimientos, deberemos saber algo de fisiología y composición de la piel.

CAPÍTULO 1

La piel

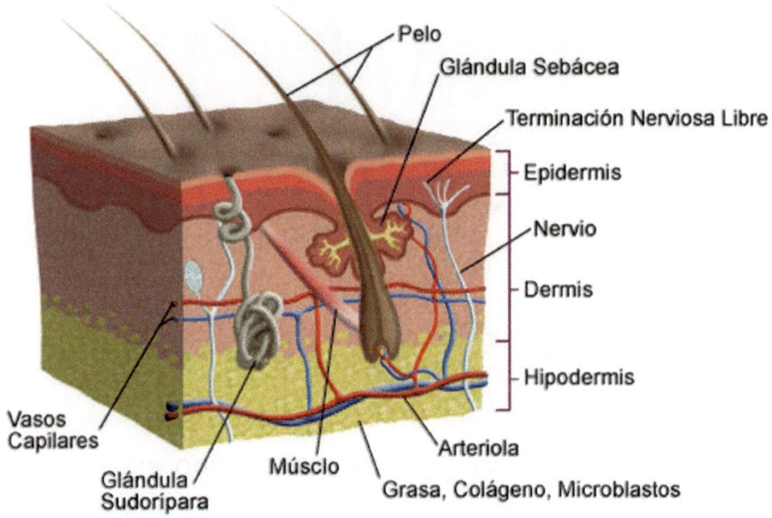

Se compone de:

- Epidermis
- Dermis
- Glándula sudorípara
- Folículo piloso
- Vasos sanguíneos
- Nervios y terminaciones
- Glándula sebácea
- Tejido celular subcutáneo
- Capa muscular
- Músculo piloerector

Capas de la piel

Piel, pelo y vasos sanguíneos

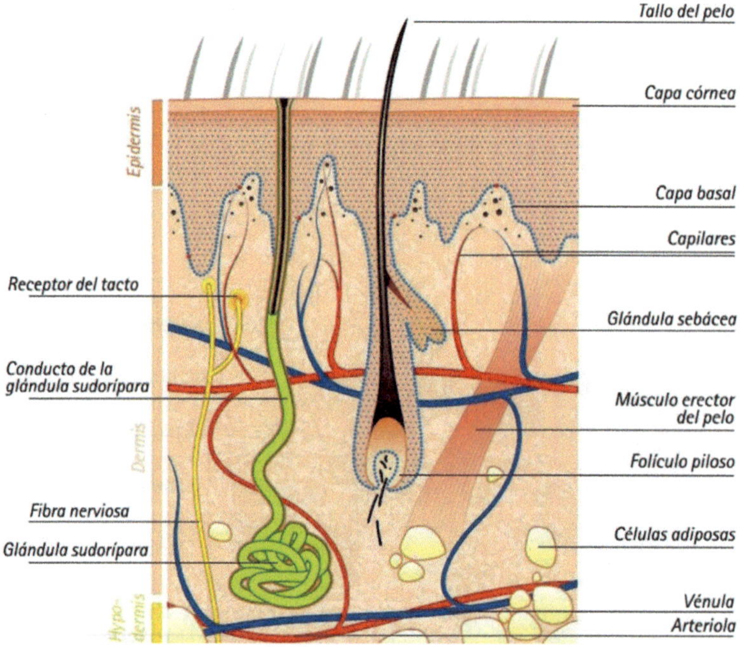

La piel que recubre nuestro cuerpo está formada por la epidermis, capa superficial de un espesor no superior a los 0,5 mm, sobre la cual podemos actuar mediante la cosmética, y que cuenta con una capa córnea que nos protegen del exterior mediante su estructura a base de queratina. Sus células tienen un proceso continuado de muerte y renovación, proceso que se acelera mediante la exposición al sol y el empleo de abrasivos cosméticos.

A continuación está la dermis, separada por una capa basal, y en la cual se encuentran vasos sanguíneos, terminaciones nerviosas, glándulas sudoríficas, glándulas sebáceas y numeroso tejido elástico y cartilaginoso. Es la zona de nuestra piel en la cual se manifiesta el dolor, se desarrolla el pelo y salen al exterior por los poros todas nuestras secreciones. No es fácil acceder a ella desde el exterior y para lograrlo se necesitan estímulos a base de calor que dilate los poros, masajes profundos, líquidos que puedan atravesar la barrera cutánea, magnetismo y haces de luz, entre otros elementos.

Por último, tenemos a la hipodermis, en la cual están situados los glomérulos de las glándulas sudoríficas, vasos sanguíneos y las células adiposas. Estas últimas son las responsables del almacenamiento de las grasas y por tanto de la obesidad. Por ello y dada su situación tan profunda, es obvio que es muy difícil actuar en ellas a base de cosméticos, necesitándose hacerlo por vía interna (digestión y sangre), o mediante técnicas quirúrgicas como la liposucción.

La superficie total de la piel en un adulto es del orden de los 15.000 cm^3 y su misión protectora abarca incluso los accidentes, las rozaduras y los roces continuados, llegando a hipertrofiarse y endurecerse en caso de agresión continuada. A través de la piel eliminamos el calor, protegemos el interior contra el frío, eliminamos el sudor y el sebo, además de multitud de toxinas que no deben permanecer en nuestro interior.

Por ello es importante mantener una buena salud de nuestra piel, ya que si no podríamos llegar a un alto grado de intoxicación.

Normalmente eliminamos por el sudor unos 500 cc aunque no los percibamos, y la temperatura axilar debe estar entre los 36° y los 36,6°, existiendo variaciones normales por constitución genética. Su manto ácido es de 4 a 6 pH, y sirve como eficaz defensa contra la invasión bacteriana.

Lavar o limpiar la piel

Es importante señalar que la higiene de la piel no consiste en lavarla enérgicamente varias veces al día, utilizando toda clase de jabones o limpiadores, sino en mantenerla con sus poros limpios y libres de sustancias externas perjudiciales. La limpieza exagerada de la piel, la eliminación obsesiva de cualquier rastro de suciedad, altera la piel hasta tal extremo que la convertimos en algo inútil contra las agresiones del exterior.

El mejor detergente es el agua, sin más, y solamente deberemos recurrir a los jabones (suaves) en caso de suciedad imposible de quitar mediante el lavado simple con agua. De esta manera conservaremos una piel sana, fuerte y suave, la cual poseerá toda su tersura. Y es que los lavados frecuentes con jabón industrial eliminan la capa grasa indispensable para mantenerla elástica, destruyen las células sanas, alteran el pH ligeramente ácido y facilitan la entrada a la dermis de todos los tóxicos exteriores.

Un ejemplo de la mala información, en cuanto al uso de la palabra "higiene", es el obsesivo lavado diario de los niños recién nacidos, los cuales terminan con su piel desnaturalizada y tan débil que pasan de una irritación a otra sin descanso. Lavarles con más frecuencia en la creencia de que la dermatitis del pañal es culpa de poca higiene, agudiza aún más el problema que ninguna crema puede evitar.

Los niños solamente necesitan agua del grifo para su higiene, debiendo emplear los jabones en casos verdaderamente necesarios. La destrucción de la capa grasa exterior permite que el frío y la humedad penetren en la piel, lo cual hace que se agriete, se quede menos protegida ante los rayos solares y se declaren arrugas quizá irreversibles.

Tipos de piel

Como ya se ha dicho, la piel es un reflejo de nuestra salud interna y por ello también hay que tener en cuenta la tipología que posea, ya que en base a ello podemos establecer su relación con nuestra salud.

La piel denominada como normal hace referencia a un cutis liso, sin manchas, con un buen color y riego sanguíneo, en donde no existen problemas para el sudor ni se desarrollan alteraciones en forma de granos, sarpullidos o picores. Este estado casi idílico no es fácil conservarlo muchos años, e incluso los niños suelen tener problemas con su piel cuando tienen enfermedades.

Las orejas rojas cuando el barómetro baja anunciando lluvia, los pómulos enrojecidos en presencia de fiebre, los sarpullidos típicos de las enfermedades eruptivas o la sensibilidad excesiva a los jabones, son algunas de las alteraciones que demuestran la excesiva fragilidad de la piel de los niños a los problemas de salud. Afortunadamente para ellos, y en esto radica la gran diferencia con los adultos, la capacidad regenerativa que tiene su cutis les hace poco vulnerables a una patología seria. Una piel normal, por tanto, debe ser aquella que tenga un aspecto bello, pero al mismo tiempo fuerte, y para lograrlo, además de otros factores, lo importante es que favorezcamos su vitalidad con productos adecuados.

La piel seca, bastante más extendida de lo que creemos, tiene una textura rugosa, áspera y hasta desagradable al tacto. Se agrieta con facilidad, resiste muy mal el roce, tiene un pH ácido, carece en absoluto de elasticidad, y en las personas mayores está surcada por arrugas profundas, siendo presa frecuentemente de numerosas enfermedades descamativas.

Las causas son variadas y abarcan desde la piel tradicional de los ancianos, hasta las que se producen por el uso excesivo de jabones o detergentes industriales. Comparen la piel de las manos de un ama de casa joven con la de su cara y verán el efecto nocivo de los jabones convencionales.

Otras causas que se pueden sumar a la acción nociva de los jabones industriales es la exposición prolongada al sol (en estas personas cualquier exposición puede ser prolongada, aunque sea de unos minutos). También hay enfermedades nerviosas que pueden resecar la piel, como el insomnio, la emotividad, así como llevar una vida poco estable.

De todos los tipos de piel el cutis seco es indudablemente el que más afecta a la belleza, no solamente porque al tacto no tiene la suavidad que esperamos, sino porque las arrugas más pronunciadas se dan en los ojos (patas de gallo) y en la comisura de los labios.

Soluciones

Una vez que hemos averiguado las razones de este envejecimiento tan prematuro, lo que se hace urgente es eliminar esas causas que lo han generado si aún estamos a tiempo, ya que a veces el mal está ya demasiado consolidado. No obstante y si se dispone de paciencia, cualquier piel se puede recuperar al menos parcialmente, siguiente las siguientes indicaciones:

1. Beber al menos dos litros de agua al día, pudiéndose alternar con refrescos isotónicos, de frutas o zumos vegetales. Con el tiempo y si las glándulas de la piel pueden seguir absorbiendo agua (quizá estén ya atrofiadas), dejarán pasar esta humedad a la epidermis y poco a poco ir hidratando la piel desde dentro. La sauna también es un buen sistema para este fin.

2. No emplear ninguna crema que sea excesivamente grasa, ya que este tipo de pieles no pueden absorberlas y lo único que conseguiremos en embadurnar la parte externa. La grasa hay que aportarla externamente en dosis pequeñas, reforzando esta acción con la ingestión de aceites vegetales, frutos secos y pescados azules. El aceite de oliva, aplicado externamente, sigue siendo el mejor cosmético para la piel y mucho más barato que cualquier de las cremas nutritivas que se venden con una gran campaña publicitaria.

3. No tomar baños de sol al mediodía.

4. Tomar suplementos de vitaminas A, E, así como ácidos grasos esenciales (linoleico). El aceite de onagra se puede consumir en perlas y es sumamente útil para este fin.

5. Para lavarse se puede emplear agua de avena o de germen de trigo, así como alguna crema limpiadora suave.

6. Por supuesto, se suprimirán el tabaco y sobre todo el alcohol, los cuales tienen un efecto secante sobre la piel.

La piel grasa se divide a su vez en oleosa y seca, aunque en realidad ambas son de naturaleza grasa, ya que la seca son formas oleosas que se han endurecido. En ambos casos la piel afectada tiene los poros dilatados, su color es grisáceo, hay mala circulación, el aspecto es por supuesto grasiento con unas glándulas sebáceas en plena actividad, y con frecuencia se dan puntos negros y hasta forúnculos. Como la afección suele ser bastante generalizada, es normal el mal olor axilar, el acné y un pH algo elevado.

Las causas suelen ser algo complejas y se encuentran normalmente en personas con problemas emocionales, en especial introvertidos, tímidos y acomplejados, en los que concurren desarreglos hormonales y mala alimentación. La falta de descanso adecuado, el insomnio, la hipocondría y las afecciones ginecológicas, son otras de las causas desencadenantes de la piel grasa.

Otros factores que suelen influir se refieren al uso de lociones con alcohol en la piel (incluso colonias) o el excesivo uso de jabones comerciales enérgicos, los cuales si bien secan la piel, inmediatamente producen un efecto de rebote por estímulo de las glándulas sebáceas y con ello, la vuelta de la grasa a la piel o el pelo.

También la mala alimentación, especialmente cuando se consumen grasas saturadas procedentes de mamíferos, como es el caso de los embutidos, el jamón serrano o la carne de cordero y cerdo, producen a la larga un cutis grasiento cada vez más difícil de corregir, mucho más si la persona no consume al mismo tiempo gran cantidad de verduras.

Como compensación a su aspecto, las personas afectadas de cutis graso no suelen tener tantas arrugas, resisten muy bien los excesos de sol, frío y viento, y con el paso de los años la piel tiende a normalizarse, aunque siempre queda una ligera capa de grasa que le ayuda a conservar un buen aspecto. Ello no quiere decir, sin embargo, que no se deba combatir la piel grasa, ya que es un buen caldo de cultivo para numerosas bacterias. Las recomendaciones para controlar el exceso de grasa son las siguientes:

- No comer carne procedente de mamíferos, pudiéndose sustituir por carne de pollo o pavo.
- No comer tampoco chocolate o coco.
- No beber nada de alcohol.
- Tomar verduras diariamente.
- Beber todos los días zumos de limón diluidos.
- Realizar algún deporte moderado.
- Dormir algo más y tratar de que el sueño sea profundo tomando una infusión de plantas relajantes antes de acostarse.
- No lavarse el cutis con jabón fuerte, salvo por las mañanas. El resto del día emplear jabones suaves, agua o cremas limpiadoras adecuadas.
- Ponerse emplastos de arcilla en la cara cada dos días.
- Tomar suplementos de vitaminas B, así como aminoácidos azufrados (metionina y cisteína).

- Enjuagarse de vez en cuando la cara con agua de limón.

Por último, el cutis mixto suele presentar las dos alteraciones, seco y graso, más unas zonas normales, distribuidas de manera desigual. Aunque es normal que las personas tengamos más grasa en los límites inferiores de la nariz, zona exterior de las orejas y en la parte superior de la frente, en las personas de cutis mixto estas diferencias son más notorias y pueden tener bastante grasa en el mentón y en la nariz, mientras que alrededor de los ojos y los labios, suelen estar secos.

El tratamiento local es complicado, ya que es difícil separar la cara por trozos para aplicar en cada lugar la crema adecuada. Por ello, lo que se puede hacer es tratar la cara con productos para cutis normal, que ni engrasen ni resequen, aunque dando un buen masaje en cada aplicación para estimular la circulación sanguínea. Esto, más una alimentación equilibrada (poca carne y mucha verdura) y unos suplementos de vitaminas A y E, pueden lograr una gran mejora en pocos meses.

CAPÍTULO 2

Química imprescindible

Jabones y detergentes: ingredientes clave

Ingrediente	Funciones primarias	Ejemplos
Abrasivos	Suministro de acción de alisado, restregado y / o pulido.	*Calcita* *Feldespato* *Cuarzo* *Arena*
Los ácidos	Neutraliza o ajusta la alcalinidad de otros ingredientes. Algunos limpiadores especiales necesitan acidez adicional para eliminar la acumulación de minerales	*Ácido acético* *Ácido cítrico* *Ácido clorhídrico* *Ácido fosfórico* *Ácido sulfúrico*

Ingrediente	Funciones primarias	Ejemplos
Álcalis	Neutraliza o ajusta la acidez de otros ingredientes. Hacer surfactantes y constructores mas eficientes. Aumentar la alcalinidad, útil en la eliminación de elementos ácidos, grasos y aceitosos. Por lo tanto, los detergentes son más efectivos cuando son alcalinos	*Amonio y nosphydroxide* *Etanolaminas* *Carbonato de sodio* *Hidróxido de sodio* *Silicato de sodio*
Agentes antimicrobianos	Matar o inhibir el crecimiento de microorganismos que causan enfermedades y / o olores	*Aceite de pino* *Compuestos de amonio cuaternario* *Hipoclorito de sodio* *Triclocarban* *Triclosan*
Agentes Anti-redeposición	Evita que el suelo se reubique después de retirarlo durante el lavado	*Carboximetilcelulosa* *Policarbonatos* *Polietilenglicol* *Silicato de sodio*
Lejías	Ayuda a blanquear, aclarar y eliminar manchas	

Ingrediente	Funciones primarias	Ejemplos
Blanqueador de cloro	También desinfecta	*Hipoclorito de sodio*
Blanqueador de oxigeno	En algunos productos, puede combinarse con un activador de lejía para un mejor desempeño en temperaturas de agua más bajas	*Perborato de sodio* *Percarbonato de sodio*
Colorantes	Proporcionar identidad especial al producto. Proporcionar acción de color azul	*Pigmentos o tintes*
Inhibidores de corrosión	Proteger partes y acabados de máquinas de metal, patrones de porcelana y utensilios de metal	*Silicato de sodio*
Agentes suavizantes de telas	Impartir suavidad y controlar la electricidad estática en los tejidos	*Compuestos de amonio cuaternario*

Ingrediente	Funciones primarias	Ejemplos
Enzimas	Proteínas clasificadas por el tipo de suelo que descomponen en formas más simples para su eliminación con detergente. La celulasa reduce el apelmazamiento y el encanecimiento de las telas que contienen algodón y ayuda a eliminar las partículas de partículas	*Amilasa (suelos de almidón)* *Lipasa (suelos grasos y grasos)* *Proteasa (suelos proteicos)* *Celulasa*
Agentes blanqueadores fluorescentes	Se adhiere a las telas para crear un efecto de blanqueamiento o brillo cuando se expone a la luz del día. También llamados blanqueadores ópticos	*Compuestos fluorescentes incoloros*
Hidrotropos	Evitar que los productos líquidos se separen en capas. Asegurar la homogeneidad del producto	*Sulfonatos de cumeno* *Alcohol etílico* *Sulfonatos de tolueno* *Sulfonatos de xileno*

Ingrediente	Funciones primarias	Ejemplos
Fragancias	Mascarilla de olor base de ingredientes y envase. Cubrir los olores del suelo. Proporcionar identidad especial al producto. Proporcionar olor agradable a la ropa y habitaciones	*Pigmentos o tintes*
Opacificantes	Reducir la transparencia o hacer el producto opaco. Proporcionar un efecto especial	*Polímeros* *Dióxido de titanio*
Conservantes	Protege contra los efectos naturales del envejecimiento del producto, por ejemplo, deterioro, decoloración, oxidación y ataque bacteriano	*Hidroxito-luenobutilado* *Etileno diamina ácido tetraacético* *Glutaraldehído*

Ingrediente	Funciones primarias	Ejemplos
Procesando ayuda	Proporcionar características físicas importantes, por ejemplo, flujo o vertido adecuado, viscosidad, solubilidad, estabilidad y densidad uniforme. Ayudar en la fabricación	*Arcillas* *Polímeros* *Silicato de sodio* *Sulfato de sodio* *Solventes*
Solventes	Evitar la separación o deterioro de los ingredientes en productos vlíquidos. Disolver los elementos orgánicos. Limpiar sin dejar residuos. Los disolventes utilizados en los productos de limpieza son solubles en agua	*Etanol* *Isopropanol* *Propilenglicol*
Agentes de control	Asegurar el nivel óptimo de espuma necesario para un trabajo de limpieza	

Ingrediente	Funciones primarias	Ejemplos
Estabilizadores de espuma	Mantener una espuma alta donde el nivel es un indicador. importante del poder de limpieza	*Alcanolamidas* *Óxidos de alquilamina*
Supresores de espuma	Controla la espuma donde podría interferir con la acción de limpieza	*Fosfatos de alquilo* *Siliconas* *Jabón*

Química

Para comprender lo que se necesita para lograr una limpieza efectiva, es útil tener un conocimiento básico de la química del jabón y los detergentes.

El agua, el líquido comúnmente utilizado para la limpieza, tiene una propiedad llamada tensión superficial. En el cuerpo del agua, cada molécula está rodeada y atraída por otras moléculas de agua. Sin embargo, en la superficie, esas moléculas están rodeadas por otras moléculas de agua solo en el lado del agua, creándose una tensión a medida que las moléculas de agua en la superficie se introducen en el cuerpo del agua. Esta tensión hace que el agua forme gotas en las superficies (vidrio, tela), lo que retarda la humectación de la superficie e inhibe el proceso de limpieza. Puede ver la tensión superficial en el trabajo, colocando una gota de agua en una encimera. La gota mantendrá su forma y no se extenderá.

En el proceso de limpieza, la tensión superficial debe reducirse para que el agua se propague y moje las superficies. Los productos químicos que pueden hacer esto de manera efectiva se denominan agentes tensioactivos, diciéndose que hacen el agua "más húmeda".

Los surfactantes realizan otras funciones importantes en la limpieza, como aflojar, emulsionar (dispersarse en agua) y mantener la zona en suspensión hasta que pueda enjuagarse. Los surfactantes también pueden proporcionar alcalinidad, que es útil en la eliminación de zonas ácidas.

Los surfactantes se clasifican por sus propiedades iónicas (carga eléctrica) en el agua: aniónica (carga negativa), no iónica (sin carga), catiónica (carga positiva) y anfotérica (carga positiva o negativa).

El jabón es un surfactante aniónico. Otros tensioactivos, tanto aniónicos como no iónicos, son los ingredientes principales de los detergentes actuales. Ahora veamos más de cerca la química de los surfactantes.

Grasas y aceites

Las grasas y aceites utilizados en la fabricación de jabón provienen de fuentes animales o vegetales. Cada grasa o aceite se compone de una mezcla distintiva de varios triglicéridos diferentes.

En una molécula de triglicéridos, tres moléculas de ácidos grasos están unidas a una molécula de glicerina. Cada tipo consiste en su propia combinación particular de ácidos grasos.

Los ácidos grasos son los componentes de las grasas y aceites que se usan para hacer jabón. Son ácidos débiles compuestos por dos partes:

Un grupo ácido carboxílico que consiste en un átomo de hidrógeno (H), dos átomos de oxígeno (O) y un átomo de carbono (C), más una cadena de hidrocarburo unida al grupo de ácido carboxílico. En general, se compone de una larga cadena lineal de átomos de carbono (C) que llevan dos átomos de hidrógeno (H).

Álcali

Un álcali es una sal soluble de un metal alcalino como el sodio o el potasio. Originalmente, los álcalis utilizados en la fabricación de jabones se obtenían de las cenizas de las plantas, pero ahora se fabrican comercialmente. Hoy en día, el término álcali describe una sustancia que químicamente es una base (lo opuesto a un ácido) y que reacciona y neutraliza un ácido.

Los álcalis comunes utilizados en la fabricación de jabón son el hidróxido de sodio (NaOH), también llamado soda cáustica; y potasio hidróxido (KOH), también llamado potasa cáustica.

Jabones

Los jabones son sales de sodio o potasio solubles en agua de ácidos grasos. Están hechos de grasas y aceites, o sus ácidos grasos, tratándolos químicamente con un álcali fuerte.

Primeros consejos

La saponificación de grasas y aceites es el proceso de fabricación de jabón más utilizado. Este método consiste en calentar grasas y aceites y hacerlos reaccionar con un álcali líquido para producir jabón y agua (jabón puro), más glicerina.

El otro proceso importante de fabricación de jabón es la neutralización de ácidos grasos con un álcali. Las grasas y los aceites se hidrolizan (se dividen) con un vapor de alta presión para producir ácidos grasos crudos y glicerina. Los ácidos grasos se purifican por destilación y se neutralizan con un álcali para producir jabón y agua (jabón puro).

Cuando el álcali es hidróxido de sodio, se forma un jabón de sodio. Los jabones de sodio son jabones "duros". Cuando el álcali es hidróxido de potasio, se forma un jabón de potasio. Los jabones de potasio son más suaves y se encuentran en algunos jabones líquidos para manos y cremas de afeitar.

El extremo carboxilato de la molécula de jabón es atraído por el agua, denominándose hidrofílico (amante del agua). La cadena de hidrocarburos es atraída por el aceite y la grasa y repelida por el agua, siendo conocido como el extremo hidrofóbico (que odia el agua).

Cómo afecta la dureza del agua a la acción de limpieza

Aunque el jabón es un buen agente de limpieza, su efectividad se reduce cuando se usa en agua dura, causada por la presencia de sales minerales, principalmente las de calcio (Ca) y magnesio (Mg), pero a veces también hierro (Fe) y manganeso (Mn). Las sales minerales reaccionan con el jabón para formar un precipitado insoluble conocido como película o espuma de jabón que no se enjuaga fácilmente y tiende a quedarse atrás y produce depósitos visibles en la ropa y hace que las telas se sientan rígidas. También se adhiere al interior de bañeras, lavabos y lavadoras.

Se utiliza un poco de jabón al reaccionar con minerales de agua dura para formar la película, lo que reduce la cantidad de jabón disponible para la limpieza. Incluso cuando la ropa se lava con agua blanda, el suelo introduce algunos minerales de dureza en la ropa. Las moléculas de jabón no son muy versátiles y no pueden adaptarse a la variedad actual de fibras, temperaturas de lavado y condiciones del agua.

Química

Surfactantes

Un detergente es un producto de limpieza efectivo porque contiene uno o más surfactantes. Debido a su composición química, los surfactantes utilizados en detergentes pueden diseñarse para funcionar bien en una variedad de condiciones y son menos sensibles que el jabón a los minerales de dureza en el agua y la mayoría no formará una película.

Los surfactantes detergentes se desarrollaron en respuesta a la escasez de grasas y aceites animales y vegetales durante la Primera Guerra Mundial y la Segunda Guerra Mundial. Además, se necesitaba una sustancia resistente al agua dura para que la limpieza fuera más efectiva. En ese momento, se encontró que el petróleo era una fuente abundante para la fabricación de estos surfactantes y hoy en día, los tensioactivos detergentes están hechos de una variedad de productos petroquímicos (derivados del petróleo) y / u oleoquímicos (derivados de grasas y aceites).

Productos petroquímicos y oleoquímicos

Al igual que los ácidos grasos utilizados en la fabricación de jabones, tanto el petróleo como las grasas y los aceites, contienen cadenas de hidrocarburos que son repelidas por el agua, pero atraídas por el aceite y la grasa en los suelos. Estas fuentes de cadena de hidrocarburos se utilizan para hacer que el extremo de la molécula de surfactante odie el agua.

Otros productos químicos

Los productos químicos, como el trióxido de azufre, el ácido sulfúrico y el óxido de etileno, se utilizan para producir el extremo que adora el agua de la molécula de surfactante.

Álcalis

Al igual que en la fabricación de jabón, se utiliza un álcali para hacer detergentes tensioactivos. El sodio y el hidróxido de potasio son los álcalis más comunes.

Cómo se fabrican los surfactantes detergentes

Tensioactivos aniónicos

El químico reacciona con hidrocarburos derivados del petróleo o grasas y aceites para producir nuevos ácidos similares a los ácidos grasos.

Una segunda reacción agrega un álcali a los nuevos ácidos para producir un tipo de molécula de surfactante aniónico.

Tensioactivos no iónicos

Las moléculas de tensioactivo no iónico se producen convirtiendo primero el hidrocarburo en un alcohol y luego haciendo reaccionar el alcohol graso con óxido de etileno.

Estos surfactantes no iónicos pueden reaccionar más con ácidos que contienen azufre para formar otro tipo de surfactante aniónico.

Cómo funcionan los jabones y detergentes

Estos tipos de energía interactúan y deben estar en el equilibrio adecuado. Veamos cómo funcionan juntos.

Supongamos que tenemos una mancha aceitosa y grasienta en la ropa. El agua sola no eliminará este suelo. Una razón importante es que el aceite y la grasa presentes en el suelo repelen las moléculas de agua.

Ahora vamos a añadir jabón o detergente. El agua que odia el surfactante es repelida, pero atraída por el aceite. Estas fuerzas opuestas aflojan la mancha y la suspenden en el agua. El agua tibia o caliente ayuda a disolver la grasa y el aceite. La agitación de la lavadora o el frotamiento manual ayudan a liberar la mancha.

Seguridad humana

A medida que las necesidades y los estilos de vida de los consumidores cambian y los nuevos procesos de fabricación están disponibles, la industria de los jabones y detergentes responde con nuevos productos. El compromiso con la seguridad es una prioridad desde el momento en que una empresa comienza a trabajar en un nuevo producto y continúa mientras el producto se encuentre en el mercado. Las compañías evalúan la seguridad de los productos de limpieza existentes al hablar con los consumidores, revisar los desarrollos científicos y monitorear los datos de uso del producto que pueden afectar el proceso de evaluación de la seguridad.

Para determinar la seguridad de un ingrediente de producto de limpieza, los científicos de la industria evalúan la toxicidad del ingrediente. La toxicidad se define generalmente como cualquier efecto dañino de una sustancia química en un organismo vivo, es decir, un ser humano, un animal, una planta o un microorganismo.

Dado que todos los productos químicos, incluida el agua (H2O), son tóxicos en ciertas condiciones de exposición, los científicos deben considerar una serie de factores que afectan la exposición. Estos incluyen la duración y la frecuencia de exposición al ingrediente; la concentración del ingrediente en el momento de la exposición; y la ruta y la manera en que se produce la exposición, por ejemplo, ojo, piel o ingestión. Esta información es esencial para evaluar el efecto en humanos, animales, plantas o microorganismos.

Debido a que la seguridad humana y las evaluaciones ambientales consideran diferentes tipos de exposiciones, se evalúan mediante diferentes procedimientos. Los pasos principales en el proceso de evaluación son, sin embargo, los mismos e implican:

Reunir datos existentes sobre toxicidad y exposición; determinar dónde se necesita información nueva y, si es necesario, realizar estudios apropiados; y determinar si los niveles de exposición predichos están por debajo de los niveles que causan efectos tóxicos significativos.

Este proceso de evaluación de seguridad permite a los científicos predecir el riesgo potencial, si lo hay, asociado con el uso del ingrediente o producto, y determinar si es seguro para los consumidores y para el medio ambiente.

Necesidad de la limpieza

La ciencia médica ha confirmado durante mucho tiempo la importante relación entre limpieza y salud. El uso regular de productos de limpieza es fundamental para la salud de nuestra sociedad y el bienestar de su gente.

Debido a que los productos de limpieza son parte de nuestra vida cotidiana, es esencial que no presenten un riesgo significativo para la salud. Al considerar la seguridad humana de un ingrediente o producto individual, los toxicólogos (los científicos que evalúan la seguridad de un producto químico) se preocupan por los efectos de dos tipos de exposiciones: intencionadas y no intencionadas:

- Las exposiciones previstas ocurren con el uso de un producto de limpieza de acuerdo con las instrucciones del fabricante.
- Las exposiciones no intencionadas pueden deberse a un uso incorrecto, a un almacenamiento inadecuado o por contacto accidental, como cuando se salpica un detergente líquido en el ojo.

Los riesgos de estos tipos de exposiciones se evalúan a partir de la información obtenida a través del fabricante, el cual ha tenido que establecer pruebas agudas (a corto plazo) y crónicas (a largo plazo) y mediante una revisión de los datos existentes. Las rutas de exposición esperadas se consideran parte de esta evaluación.

Las evaluaciones de seguridad humana comienzan con los ingredientes específicos y luego pasan a todo el producto. Los efectos para todos los ingredientes se consideran según el producto está formulado.

Los toxicólogos comparan la exposición esperada con el efecto esperado durante la fabricación y el uso del producto.

¿Cómo se expondrán los trabajadores en la planta, y cómo se va a usar y dónde?

¿Cuál es el uso previsto del producto?

¿Se diluye?

¿Sin diluir?

¿Se usa diariamente en el hogar?

¿Semanalmente en el lugar de trabajo?

Los toxicólogos también consideran el efecto esperado de una exposición involuntaria.

¿Cuál es el peligro potencial, por ejemplo, si un niño bebe un producto directamente de la botella?

Si esta evaluación de seguridad humana indica un riesgo inaceptable, puede ser posible reducir el riesgo cambiando el proceso de fabricación; reformulando para reducir o eliminar un ingrediente que contribuye al efecto tóxico; o utilizando etiquetado o un cierre a prueba de niños. Si el riesgo no puede reducirse, el producto no se comercializará.

A pesar de que los fabricantes formulan productos de limpieza para garantizar que sean seguros o tienen un riesgo muy bajo, los efectos en la salud humana todavía pueden resultar de la exposición no deseada. Para advertir a los consumidores sobre un peligro específico, los productos de limpieza del hogar llevan etiquetas de precaución cuando sea necesario. Para los consumidores, esta es una de las características más importantes de la etiqueta.

Las regulaciones mundiales rigen la forma en que se utilizan las declaraciones de precaución relacionadas con la seguridad humana en las etiquetas de los productos de limpieza del hogar y requieren que las declaraciones sigan un formato estándar. Primero hay una "palabra de advertencia", seguida de una breve descripción del peligro potencial.

La siguiente tabla muestra las palabras de advertencia -PRECAUCIÓN o ADVERTENCIA y PELIGRO- y lo que significan:

Veneno

Rara vez aparece en los productos de limpieza del hogar, pero es la indicación más fuerte de peligro y significa que la exposición accidental podría causar efectos médicos graves. El término se puede encontrar en la lejía doméstica y en algunos productos para el cuidado del automóvil, como el anticongelante.

Advertencia

Junto con el proceso de evaluación de seguridad y el etiquetado de precaución, un extenso programa de educación para el consumidor sobre el uso, almacenamiento y eliminación adecuados de los productos de limpieza respalda los esfuerzos de seguridad humana de la industria de jabones y detergentes. Además, la industria trabaja en estrecha colaboración con los centros de control de envenenamientos para garantizar que, en caso de que ocurra una exposición accidental, la información sobre el tratamiento esté disponible para los profesionales de la atención médica. Juntas, estas actividades permiten a los consumidores utilizar productos de limpieza con confianza, tanto en su seguridad, como en su rendimiento.

Seguridad Ambiental

La mayoría de los productos de limpieza para el hogar están formulados para ser utilizados con agua y su desagüe en los sistemas de tratamiento de aguas residuales (plantas de tratamiento de aguas residuales municipales o sistemas de fosas sépticas). Para garantizar que los productos sean seguros para el medio ambiente, los fabricantes evalúan los impactos de los ingredientes de los productos en los sistemas de tratamiento de aguas residuales, arroyos, ríos, lagos y estuarios. Los principios científicos que son ampliamente reconocidos por las comunidades técnicas y regulatorias, se utilizan para evaluar el riesgo para el medio ambiente de estos impactos.

La evaluación del riesgo ambiental considera las concentraciones de exposición y los efectos de los ingredientes individuales. Dos conjuntos de información se utilizan en estas evaluaciones:

- Un conjunto permite a los científicos de la industria predecir la concentración del ingrediente de todas las fuentes, incluidos los productos de limpieza, en diversos lugares del ambiente (la concentración de exposición prevista).
- El otro conjunto se usa para encontrar la concentración más alta del ingrediente en el que no se producirá ningún daño a los animales, plantas o microorganismos que viven en el medio ambiente (la concentración sin efecto).

La comparación de la concentración de exposición prevista y la concentración sin efecto, permite a los científicos determinar si el uso de un ingrediente es seguro para el medio ambiente. El uso planificado de un ingrediente de producto de limpieza es aceptable si la concentración de exposición predicha es menor que la concentración que dañaría a animales, plantas o microorganismos. Esta información se aplica a los ingredientes procesados a través de los sistemas de fosas sépticas de los hogares, así como a las plantas de tratamiento municipal.

Dos pasos básicos ocurren en el tratamiento de aguas residuales en ambos sistemas:

- El primer paso, llamado tratamiento primario, consiste en la eliminación de material sólido, como grano o grasa, procedente de las aguas residuales por medios físicos, es decir, sedimentación y flotación en tanques.
- El segundo paso, llamado tratamiento secundario, elimina el material disuelto por medios biológicos, es decir, el consumo por microorganismos. Es en la etapa de tratamiento secundario donde se produce el proceso más importante para reducir la concentración de exposición de los ingredientes detergentes. La biodegradación describe cómo los ingredientes de detergentes orgánicos (que contienen carbono), como surfactantes, enzimas y fragancias, se descomponen en carbono dióxido, agua y minerales por la acción de microorganismos como las bacterias. En esta etapa, la biodegradación reduce la cantidad de ingredientes detergentes que se descargan en el ambiente a niveles que no presentan un riesgo para los peces u otra vida acuática. Cualquier pequeña cantidad de productos químicos que no sean biodegradados o eliminados durante el tratamiento de aguas residuales, se diluyen en las aguas superficiales, el suelo y el océano, y continúan biodegradándose o eliminándose del agua al adherirse a los sólidos, un proceso conocido

como adsorción. Los ingredientes detergentes inorgánicos (que no contienen carbono), como los fosfatos, las zeolitas y algunos colorantes, también se adhieren a los sólidos y se tratan más durante el procesamiento de los biosólidos (lodos) producidos en el tratamiento primario y secundario. Los biosólidos se utilizan a menudo como fertilizantes y acondicionadores del suelo.

La zeolita es un mineral volcánico natural, un aluminiosilicato que contiene óxido de aluminio y sílice. Posee eficacia al ser ingerida para eliminar por quelación minerales como el mercurio y metales pesados en general. La empleada en consumo humano se denomina clinoptilolita.

Debido a los métodos de tratamiento modernos, solo una cantidad insignificante de los ingredientes utilizados para limpiar la ropa, los platos, las superficies del hogar y del lugar de trabajo realmente llega al medio ambiente. Y esa cantidad se encuentra en niveles tales que no causan ningún efecto adverso.

Mejora de la calidad ambiental

La industria del jabón y los detergentes se compromete a comprender el impacto de sus productos y paquetes en el medio ambiente. Con este entendimiento, viene la capacidad de reducir su impacto y mejorar su calidad ambiental.

Los fabricantes de productos de limpieza han sido líderes en la reducción de residuos de envases y en el fomento de prácticas de eliminación de residuos. Los avances en tecnología han dado como resultado productos más concentrados, productos que combinan dos funciones en una, productos con paquetes de recarga y paquetes que utilizan materiales reciclados. Los productos concentrados necesitan menos energía para su fabricación y transporte, y requieren menos embalaje y los productos multifuncionales eliminan la necesidad de paquetes separados. Los paquetes de recarga permiten a los consumidores reutilizar los paquetes primarios muchas veces, disminuyendo la cantidad de empaque utilizado y el volumen de basura generado. El plástico y el cartón que de otro modo se tirarían, se convierten en materiales utilizables a través del reciclaje.

A través de la educación y los programas comunitarios, la industria del jabón y los detergentes ayuda a los consumidores a aprender cómo reducir los desechos y cómo deshacerse de ellos. Se recuerda a los consumidores que la forma ambientalmente inteligente de manejar cualquier producto de limpieza del hogar, es comprar sólo la cantidad que se puede usar; y, si debe ser eliminado, disponer de él adecuadamente. Como regla general, los productos diseñados para el uso con agua deben eliminarse vertiéndolos en el desagüe mientras que, los productos sólidos, como los estropajos, se deben poner en la basura.

Un método prometedor en desarrollo para mejorar la calidad ambiental de un producto, es la evaluación del ciclo de vida (ECV-LCA), que describe una mirada "desde la cuna hasta la tumba" de todos los impactos ambientales de un producto y su paquete, desde la adquisición de materias primas hasta la fabricación y distribución, hasta el uso y la eliminación por parte del consumidor. Una de las ventajas de LCA es que puede determinar si la reducción de un impacto ambiental en un área, como la fabricación, desplaza el impacto a otra, como la eliminación. También ayuda a identificar dónde se deben enfocar los esfuerzos de mejora ambiental.

Productos e Ingredientes

Los jabones y detergentes son esenciales para la salud personal y pública, y gracias a su capacidad para aflojar y eliminar el suelo de una superficie, contribuyen a una buena higiene personal. También reducen la presencia de gérmenes que causan enfermedades infecciosas; prolongar la vida útil de la ropa, vajilla, ropa de cama, superficies y muebles; y hacer nuestros hogares y lugares de trabajo más agradables.

Los jabones y detergentes que se encuentran en el hogar se pueden agrupar en cuatro categorías generales:

limpieza personal, lavandería, lavado de platos y limpieza del hogar. Dentro de cada categoría hay diferentes tipos de productos formulados con ingredientes seleccionados para realizar una amplia función de limpieza, así como para ofrecer propiedades específicas para ese producto. Conocer los diferentes productos y sus ingredientes lo ayuda a seleccionar el producto adecuado para el trabajo de limpieza.

Productos

Los productos de limpieza personal incluyen jabones en barra, geles, jabones líquidos y limpiadores de manos resistentes. Estos productos obtienen su acción de limpieza del jabón, otros surfactantes o una combinación de los dos. La elección del agente de limpieza ayuda a determinar las características de formación de espuma del producto, la sensación en la piel y la capacidad de enjuague.

Los jabones o geles en barra están formulados para limpiar las manos, la cara y el cuerpo. Dependiendo de los otros ingredientes, también pueden hidratar la piel y / o matar o inhibir las bacterias que pueden causar olor o enfermedad. Las barras especializadas incluyen jabones transparentes / translúcidos, jabones de lujo y jabones medicinales.

Los jabones líquidos están formulados para limpiar las manos o el cuerpo y cuentan con acondicionadores para la piel. Algunos contienen agentes antimicrobianos que matan o inhiben las bacterias que pueden causar olor o enfermedad.

Los limpiadores de manos para trabajo pesado están disponibles en forma de barras, líquidos, polvos y pastas y están formulados para eliminar la suciedad persistente y grasosa, pudiendo incluir un abrasivo.

Los detergentes para la ropa y los productos de lavandería, están disponibles en forma de líquidos, polvos, geles, barras, aerosoles, bombas y hojas. Están formulados para cumplir con una variedad de eliminación de manchas, blanqueo, suavizado y acondicionamiento de tejidos, y necesidades de desinfectantes bajo diferentes niveles de agua, temperatura y condiciones de uso. Son de uso general o de servicio liviano, adecuados para todos los tejidos lavables.

Los líquidos funcionan mejor en suelos aceitosos y para el tratamiento previo de suelos y manchas. Los polvos son especialmente eficaces para eliminar arcilla y tierra molida. Estos detergentes de uso liviano se utilizan para el lavado manual o a máquina de prendas ligeramente sucias y para telas delicadas.

Las ayudas para el lavado contribuyen a la eficacia de los detergentes para ropa y brindan funciones especiales.

Las lejías (cloro y oxígeno) blanquean y dan brillo a las telas y ayudan a eliminar las manchas difíciles. Convierten las manchas en partículas incoloras y solubles que pueden eliminarse con detergentes y llevarse en el agua de lavado. El blanqueador de cloro líquido (generalmente en una solución de hipoclorito de sodio –lejía-) también puede desinfectar y desodorizar los tejidos. El blanqueador con oxígeno (seguro para el color) es más suave y funciona de manera segura en casi todos los tejidos lavables. Contienen un tinte o pigmento azul absorbido por las telas en el lavado o enjuague, que absorbe la parte amarilla del espectro de luz, contrarrestando el amarilleo natural de muchas telas.

Los refuerzos mejoran la eliminación de suciedad y manchas, el brillo, el amortiguamiento y el rendimiento de los detergentes para suavizar el agua. Se utilizan en el lavado, además del detergente.

Los elementos enzimáticos se utilizan para remojar los artículos antes de lavarlos, para eliminar manchas y suciedad difíciles y, cuando se agregan al agua de lavado, aumentan el poder de limpieza.

Los suavizantes de telas, que se agregan al enjuague o secador final, hacen que las telas sean más suaves y esponjosas, para disminuir el tiempo de adherencia, arrugas y el secado estático; Aportan una agradable fragancia y facilitan el planchado.

Los removedores de manchas y manchas de prelavado se usan para pretratar prendas muy sucias y manchadas, especialmente aquellas hechas de fibras sintéticas.

Los almidones, acabados de telas y tamaños, utilizados en el enjuague final o después del secado, dan cuerpo a las telas, las hacen más resistentes al suelo y facilitan el planchado.

Los suavizantes de agua, agregados al lavado o enjuague, inactivan los minerales de agua dura. Dado que los detergentes son más efectivos en agua blanda, estos productos aumentan el poder de limpieza.

Lavaplatos

Los productos para lavar platos incluyen detergentes para el lavado de platos a mano y en la máquina, así como algunos productos especiales. Están disponibles en forma de líquidos, geles, polvos y sólidos.

Los detergentes para lavar platos a mano eliminan la suciedad de los alimentos, mantienen la tierra en suspensión y proporcionan espuma de larga duración que indica la cantidad de energía de limpieza que queda en el agua de lavado.

Los detergentes para lavavajillas automáticos, además de eliminar la suciedad de los alimentos y mantenerlos en suspensión, atan los minerales de dureza, emulsionan la grasa y el aceite, eliminan la espuma causada por el suelo de proteínas y ayudan a eliminar las superficies de los platos. Producen poca o ninguna espuma que pueda interferir con la acción de lavado de la máquina.

Los agentes de enjuague se utilizan, además del detergente para lavaplatos automático, para disminuir la tensión superficial, mejorando así el drenaje del agua de los platos y utensilios. Un mejor drenaje minimiza las manchas y la filmación y mejora el secado.

Los removedores de suciedad eliminan la acumulación de película de agua dura y la turbidez de los platos y del interior del lavavajillas. Se utilizan en lugar de un detergente para lavavajillas automático en un ciclo separado o junto con el detergente.

Los removedores de cal y óxido eliminan los depósitos de cal y/o óxido del interior del lavavajillas.Se utilizan cuando no hay platos u otros productos para lavavajillas.

Limpiadores domésticos

Los limpiadores domésticos están disponibles en forma de líquidos, geles, polvos, sólidos, hojas y almohadillas para usar en superficies pintadas, de plástico, metal, porcelana, vidrio y otras superficies, y en revestimientos de pisos lavables. Debido a que ningún producto individual puede proporcionar un rendimiento óptimo en todas las superficies y suelos, se ha formulado una amplia gama de productos para limpiar de manera eficiente y fácil. Si bien los limpiadores de uso general están destinados a un uso más general, otros funcionan mejor en condiciones altamente especializadas.

Los limpiadores de uso múltiple penetran y aflojan la tierra, ablandan el agua y evitan que la tierra vuelva a depositarse en la superficie limpia. Algunos, también desinfectan.

Los limpiadores abrasivos eliminan las grandes acumulaciones de suciedad que a menudo se encuentran en áreas pequeñas. La acción abrasiva es proporcionada por pequeñas partículas minerales o metálicas, lana de acero fina, partículas de cobre o nylon. Algunos también desinfectan.

Los limpiadores especializados están diseñados para las condiciones del suelo que se encuentran en superficies específicas, como vidrio, azulejos, metales, hornos, alfombras y tapicería, inodoros y en desagües.

Los limpiadores de vidrios aflojan y disuelven las manchas aceitosas que se encuentran en el vidrio y se secan rápidamente sin dejar marcas.

Los limpiadores de vidrio y de superficies múltiples eliminan la suciedad de una variedad de superficies lisas. Dan brillo a las superficies sin rayarlas.

Los limpiadores de tinas, baldosas y lavamanos eliminan las manchas normales que se encuentran en las superficies del baño, así como los depósitos de agua dura, residuos de jabón, manchas de óxido y / o moho y hongos. Algunos también tratan las superficies para retardar la suciedad y también desinfectan.

Los limpiadores de metales eliminan la suciedad y pulen los artículos metálicos. El deslustre, la oxidación del metal, es el suelo principal que se encuentra en los artículos metálicos. Algunos productos también protegen los artículos metálicos limpios contra un rápido reenganche.

Los limpiadores de hornos eliminan la grasa quemada y otras manchas de alimentos de las paredes del horno. Estos limpiadores son gruesos, por lo que el producto se adherirá a las superficies verticales del horno.

Los champús para alfombras y los limpiadores de tapicería, disuelven los suelos aceitosos y grasientos y los mantienen suspendidos para su eliminación. Algunos también tratan las superficies para repeler el suelo.

Los limpiadores de inodoros previenen o eliminan las manchas causadas por el agua dura y los depósitos de óxido, y mantienen un recipiente limpio y de olor agradable. Algunos productos también desinfectan.

Los desatascadores destapan los desagües de la cocina y el baño. Trabajan produciendo calor para derretir las grasas, descomponiéndolas en sustancias más simples que se pueden enjuagar, u oxidando el cabello y otros materiales. Algunos usan bacterias para evitar la acumulación de grasa que conduce a la obstrucción del drenaje.

Fabricación del jabón

La fabricación de jabón y detergente consiste en una amplia gama de operaciones de procesamiento y envasado. El tamaño y la complejidad de estas operaciones varían, desde pequeñas plantas que emplean a unas pocas personas, hasta aquellas con varios cientos de trabajadores. La gama de productos abarca desde tipos de gran volumen, como detergentes para la ropa que se utilizan regularmente, hasta especialidades de menor volumen para necesidades de limpieza menos frecuentes.

Los productos de limpieza vienen en tres formas principales: barras, polvos y líquidos. Algunos productos líquidos son tan viscosos que son geles. El primer paso en la fabricación de las tres formas es la selección de materias primas. Estas se eligen de acuerdo con muchos criterios, incluida la seguridad humana y ambiental, el costo, la compatibilidad con otros ingredientes y la forma y las características de rendimiento del producto terminado. Si bien los procesos de producción reales pueden variar de un fabricante a otro, hay pasos que son comunes a todos los productos de una forma similar.

Comencemos por observar la fabricación de jabón en barra y luego revisaremos los procesos utilizados para hacer detergentes en polvo y líquidos.

Jabones de barra

Los jabones de barra tradicionales están hechos de grasas y aceites solubles en agua. Sus ácidos grasos reaccionan con bases solubles en agua. Las principales fuentes de grasas son la carne de vacuno y el sebo de cordero, mientras que los aceites de palma, coco y palmiste, son los principales aceites utilizados en la fabricación de jabón. Las materias primas pueden tratarse previamente para eliminar las impurezas y lograr las características de color, olor y rendimiento deseadas en la barra terminada. Los procesos químicos para hacer jabón, es decir, la saponificación de grasas y aceites y la neutralización de ácidos grasos, se describen en la sección de Química.

El jabón se hizo mediante el método de hervido de la caldera por lotes hasta poco después de la Segunda Guerra Mundial, cuando se desarrollaron procesos continuos. Hoy en día se prefieren los procesos continuos debido a su flexibilidad, velocidad y economía.

Tanto los procesos continuos como los discontinuos, producen jabón en forma líquida, llamado jabón puro, y un subproducto valioso, la glicerina, que se recupera por tratamiento químico, seguido de evaporación y refinación. La glicerina refinada es un material industrial importante utilizado en alimentos, cosméticos, medicamentos y muchos otros productos.

El siguiente paso de procesamiento después de la saponificación o neutralización es el secado. El secado por aspersión al vacío se utiliza para convertir el jabón puro en bolitas de jabón seco. El contenido de humedad de los gránulos variará dependiendo de las propiedades deseadas de la barra de jabón.

En la etapa de procesamiento final, las pastillas de jabón seco pasan a través de una línea de acabado de jabón en barra. La primera unidad en la línea es un mezclador, llamado un amalgamador, en el que las pastillas de jabón se mezclan con fragancia, colorantes y todos los demás ingredientes. Luego, la mezcla se homogeneiza y se refina a través de laminadores y pulidores de refinación para lograr una mezcla completa y una textura uniforme. Finalmente, la mezcla se comprime, se corta en unidades del tamaño de una barra y se estampa en su forma final en una prensa de jabón.

Algunos de los jabones de barra de hoy en día se llaman "barras combinadas", porque obtienen su acción limpiadora de una combinación de jabón y surfactantes sintéticos. Otros, llamados "barras de syndet", cuentan con surfactantes como los principales ingredientes de limpieza. Los métodos de procesamiento para fabricar los materiales de base sintéticos para estas barras son muy diferentes de los utilizados en la fabricación tradicional de jabones. Sin embargo, con algunas modificaciones menores, el equipo de la línea de acabado es el mismo.

Los detergentes en polvo se producen mediante secado por aspersión, aglomeración, mezcla en seco o combinaciones de estos métodos.

- En el proceso de secado por aspersión, los ingredientes secos y líquidos se combinan primero en una suspensión o suspensión espesa, en un tanque llamado muleta.
- La suspensión se calienta y luego se bombea a la parte superior de una torre donde se pulveriza a través de boquillas a alta presión para producir pequeñas gotas que caen a través de una corriente de aire caliente, formando gránulos huecos a medida que se secan.
- Los gránulos secos se recogen desde el fondo de la torre de pulverización donde se tamizan para lograr un tamaño relativamente uniforme.
- Después de que los gránulos se hayan enfriado, se agregan ingredientes sensibles al calor que no son compatibles con las temperaturas de secado por pulverización (como la lejía, las enzimas y la fragancia).
- El secado por pulverización tradicional produce polvos de densidad relativamente baja.

La nueva tecnología ha permitido a la industria del jabón y detergente reducir el aire dentro de los gránulos durante el secado por pulverización, para lograr densidades más altas. Los polvos de mayor densidad se pueden empaquetar en paquetes mucho más pequeños que los que se necesitaban anteriormente.

La aglomeración, que conduce a polvos de mayor densidad, consiste en mezclar materias primas secas con ingredientes líquidos. Ayudado por la presencia de un aglutinante líquido, la mezcla rodante o por cizallamiento hace que los ingredientes colisionen y se adhieran entre sí, formando partículas más grandes.

La Mezcla seca se utiliza para mezclar materias primas secas. También se pueden añadir pequeñas cantidades de líquidos.

Los procesos de mezclado continuo y por lotes se utilizan para fabricar productos de limpieza líquidos y en gel. Se pueden agregar estabilizadores durante la fabricación para garantizar la uniformidad y estabilidad del producto terminado.

En un proceso continuo típico, los ingredientes secos y líquidos se agregan y se mezclan en una mezcla uniforme utilizando mezcladores en línea o estáticos.

Recientemente, se han introducido productos líquidos más concentrados. Un método para producir estos productos utiliza nuevos procesos de mezcla de alta energía en combinación con agentes estabilizantes.

CAPÍTULO 3

Tratamientos cosméticos legales

Absorción y cosméticos

Durante años los químicos han tratado de traspasar la barrera defensiva de la piel para intentar introducir sustancias químicas a través de ella, lo que no siempre han conseguido. La mayor dificultad estriba en hacer que penetren a través de los poros, quizá la vía más rápida para llegar al interior, los cuales se obstruyen con tanta facilidad que impide cualquier intento en ese sentido.

Las cremas grasas o los aceites de origen mineral apenas se absorben, por lo que deben ser empleados precisamente como protectores contra las agresiones exteriores. Si se absorbieran no nos serían útiles para protegernos del sol, de la lluvia o de la contaminación por disolventes, detergentes o pinturas, por ejemplo. Precisamente en esa imposibilidad aparentemente negativa para entrar en la piel está la utilidad de ciertos cosméticos, pues permanecen más tiempo activos, aunque de forma superficial. En esta misma línea deberían estar los jabones y cremas limpiadoras, los cuales solamente deben actuar de manera muy superficial, nunca en profundidad, como la publicidad nos indica. Su acción abrasiva debe limitarse a la capa superficial de la epidermis, ya que resulta ilógico que alguien pretenda limpiar el interior de nuestro cuerpo mediante un jabón.

Pero no siempre es necesario que la crema aplicada permanezca en el exterior, como una barrera, sino que la mayoría de las veces lo que buscamos es precisamente que puedan actuar sobre capas más profundas para que ejerzan su labor regeneradora. Para lograrlo se emplean sustancias vegetales o de procedencia animal muy parecidas a nuestras propias grasas, generalmente muy fluidas, que puedan actuar al mismo tiempo como vehículo conductor para sustancias medicinales.

La piel es poco permeable en circunstancias normales y por ello hay que favorecer esta permeabilidad mediante masajes, calor, productos químicos o corrientes eléctricas, los cuales pueden romper esta barrera cutánea. Situaciones de fatiga extrema, la menstruación o la niñez, acrecientan la capacidad de absorción de la piel, lo que podemos emplear en nuestro favor, aunque guardando las oportunas precauciones. En este sentido hay que tener cuidado con cremas que contengan tejidos animales, hormonas o alcohol, los cuales al ser absorbidos y pasar al torrente sanguíneo, pueden causar serios problemas de salud. Esta propiedad puede ser empleada por los aceites esenciales extraídos de las plantas y flores, así como cualquier producto que lleve una base alcohólica, pues todos pasan fácilmente a través de la epidermis. En niños pequeños y embarazadas nunca se deberían emplear estas sustancias, salvo bajo control de un experto.

Por último, hay que señalar que la aplicación de una crema grasa en cantidades altas obstruye totalmente los poros y por tanto impide su absorción, oxidándose posteriormente y descomponiéndose. Cuando empleemos una crema con base grasa o un aceite, hay que hacerlo en muy pequeñas proporciones, lentamente y con cierta energía, facilitando su paso a través de los poros sin obstruirlos.

Leche limpiadora

Suele consistir en una emulsión (suspensión de partículas insolubles en un líquido) a base de grasas o aceites, las cuales se mezclan con productos químicos con acción detergente y dispersante. Se emplean no solamente para quitar el maquillaje, sino también para desengrasar la piel o sustituir el jabón de tocador en el lavado diario de la piel.

Suelen tener apariencia líquida o cremosa y se aplican de manera suave con ligeros masajes en la piel mediante un algodón. Al poco tiempo y gracias al efecto dispersante, la suciedad pasa al algodón y el cutis queda limpio. Para eliminar los restos del limpiador se emplean después, o bien el agua simple del grifo, o un tónico ligeramente alcohólico que elimine los restos de grasas. Un zumo de limón podría sustituir a este tónico con el mismo efecto limpiador y sin sus inconvenientes.

Después de este lavado, la piel debe quedar completamente limpia pero sin señales irritativas que pudieran indicar un exceso de frotamiento. No hay que olvidar que lo que en realidad se persigue con estas cremas limpiadoras es lavar la cara sin someterla a desgaste y si insistimos demasiado puede ser que dañemos la piel poco a poco y para ello mejor seguimos con el jabón de tocador tradicional.

Hay que evitar emplear lociones que eliminen la capa grasa necesaria para la elasticidad cutánea, ya que será imprescindible para evitar las arrugas. La piel debe quedar limpia, pero ligeramente brillante como correspondería a un cutis saludable. Si pasamos los dedos por ella al terminar el lavado, deberemos notar la suavidad que buscamos.

Después de este lavado es totalmente imprescindible emplear agua a temperatura ambiente para eliminar cualquier posible obstrucción de los poros por exceso de crema.

En el supuesto de que la cara tenga manchas de algún tipo, sea de grasa o maquillaje excesivo, nunca utilice alcohol, acetona o disolventes para quitarse de la cara manchas rebeldes, ya que el efecto perjudicial puede ser tan intenso que se vuelva irreversible. En el mercado cosmético existen numerosos productos para este fin.

Tónicos

La palabra tónico empleada en cosmética nos habla de productos que son capaces de estimular o dar energía a la epidermis mediante su acción sobre la circulación sanguínea y los músculos superficiales. Los productos tradicionales pueden contener hasta un 30% de alcohol, aunque los mejores están exentos de ello. Mucha gente se pregunta cuál es la causa de que sabiendo lo perjudicial que es el alcohol para la piel se sigan empleando en algunos cosméticos. El motivo es simple: el alcohol es un buen excipiente, logra mezclar entre sí sustancias que son incompatibles, conserva los productos mucho tiempo sin que se estropeen, no se altera por la luz ni tampoco por el calor, y garantiza una gran penetración a través de la piel de las sustancias mezcladas.

Un tónico puede contener sustancias astringentes, estimulantes, calmantes, antisépticas o refrescantes, debiendo por tanto realizar la selección de acuerdo a nuestras necesidades. Solamente se debe aplicar sobre la piel limpia, normalmente después de emplear la crema adecuada para ello, y nunca lo emplearemos como líquido limpiador.

Aunque se pueden aplicar con la simple acción de los dedos, es mejor utilizar un algodón empapado en el líquido para así insistir en aquellas zonas que queramos mejorar, teniendo en cuenta que los movimientos circulares centrífugos (hacia afuera) son dispersantes y por tanto calmantes, mientras que los círculos hacia dentro (centrípetos) son estimulantes. Dada su naturaleza alcohólica no hay que aplicarlos con profundidad, sino suavemente de abajo arriba.

Si buscamos la acción estimulante podemos golpear la piel con el algodón para activar la circulación sanguínea y si hay una zona especialmente dañada dejaremos el algodón unos segundos en ese lugar sin moverlo. Una vez finalizada la operación no conviene dejar que se seque por sí solo el resto y es mejor quitar el sobrante con una toalla, pasando a continuación a aplicar el maquillaje o las cremas cosméticas que deseemos.

Hoy en día existen tónicos para tratar la mayoría de los problemas de la piel y mucha gente los prefiere a las cremas porque son menos pastosos y no se perciben. Por ello la industria cosmética ha elaborado una gama muy amplia de tónicos a base de aceites esenciales, zumos de frutas, extractos de plantas medicinales y aguas especiales, los cuales están teniendo una gran demanda entre los usuarios.

Como ventajas con respecto a las cremas están el que se absorben muy rápido, no obstruyen nunca los poros, no se perciben y admiten inmediatamente la utilización de otros cosméticos. También son muy indicados para emplear en verano y en situaciones de emergencia en las cuales necesitemos un buen color de piel.

Como desventaja tenemos el que al permanecer poco tiempo en la piel no son capaces de nutrirla adecuadamente y por ello no solucionan radicalmente los problemas ni las enfermedades cutáneas. Tampoco se deben emplear en los meses fríos del invierno, ya que su contenido en alcohol hace que la piel pueda agrietarse en pocos minutos.

Los podemos emplear en los siguientes casos:

Para efectuar una acción bactericida y antiséptica de la piel sin necesidad de recurrir a medicamentos.

Para estimular la circulación sanguínea superficial en cutis blanquecinos.

Para eliminar pequeñas acumulaciones de sangre en los capilares superficiales.

Como efecto sedante en casos de piel cansada por el exceso de trabajo.

Como antiinflamatorio de efecto rápido en bolsas de ojos o piel flácida.

Por sus sustancias tensoactivas para dar un aspecto saludable instantáneo, aunque poco duradero, a la piel.

Para suavizar una piel reseca sin engrasarla.

Para quitar la grasa excesiva de zonas pequeñas como la nariz o la frente.

Cuando no se quiera recurrir a los maquillajes, especialmente en los meses de verano.

Si realizamos deporte habitualmente y queremos tener una piel saludable y limpia pero sin las desventajas de las cremas.

Aun cuando use un limpiador de espuma y lo quite con agua, seguramente notará que al aplicar un tónico la piel quedará relajada, especialmente si lo distribuye dándose palmaditas. Aplique unas gotas para humedecer el algodón y limpie suavemente toda la cara, incluso el cuello.

Cremas nutritivas

Como su nombre indica, estas cremas pretenden nutrir a la piel, o sea, proporcionar los elementos necesarios para su metabolismo y asegurarse así que no se desarrolle un proceso de atrofia prematuro. Para lograrlo se intenta aportar aquellas sustancias que sean fisiológicas, iguales a las que existen normalmente en la piel y que se supone que están en pequeñas proporciones por causas diversas. En este sentido, las cremas están elaboradas a partir de ácidos grasos esenciales, grasas saturadas, glicéridos, colesterol, alcohol metílico, ácido oleico, sales minerales, hormonas, carbohidratos, aminoácidos, peptonas y enzimas. En ocasiones, y con el fin de aportar fácilmente todos los compuestos anteriores, se emplean extractos de tejidos de animales e incluso de humanos, como es el caso de la placenta, tejidos embrionarios o glándulas secas pulverizadas. No obstante, en los últimos años la legislación es cada vez más restrictiva en este aspecto y ya apenas se encuentran preparados de este tipo, a pesar de que se demostraron sumamente eficaces.

Una crema nutritiva, para que surta efecto, debe imperiosamente penetrar en la piel y para ello hay dos factores imprescindibles: poder de absorción y tiempo necesario de permanencia. Además de ello y con el fin de no generar efectos secundarios, el producto no debe penetrar en el torrente sanguíneo. Todo un reto para los laboratorios de cosmética. La mayoría de las cremas nutritivas se aplican por tanto de noche, pensando en que al menos la persona las mantendrá en su piel sin tocarlas durante ocho horas.

El primer efecto es la aportación de la capa de grasa que toda piel sana debe tener, la cual es suministrada con una base oleosa adecuada, siendo normal el que una vez aplicada veamos la piel grasienta. Esta misma base, además, permite que los principios activos penetren a través de las glándulas sebáceas, consiguiéndose un efecto restaurador bastante profundo, precisamente allí donde existe una carencia de lípidos.

Es importante señalar que para una buena acción no hay que aplicar demasiada crema, ya que los poros podrían obstruirse e impedir que penetren las sustancias activas a través de ellos. Mejor poca crema que mucha. La aplicación de noche cuenta, además, con otras ventajas adicionales, no solamente por el tiempo de permanencia en sí ya muy importante, sino también porque cuando nos acostamos la piel está más hinchada y los poros más abiertos, lo que facilita aún más la penetración. Una vez que nos levantamos y si todavía quedan restos de crema o de grasa (lo ideal es que se haya absorbido toda), los eliminaremos con los productos limpiadores adecuados, evitando el jabón común.

Las cremas nutritivas se pueden aplicar en todo tipo de pieles, grasas o secas, ya que se supone que ambas están desnutridas y necesitan el aporte de sustancias vitales.

El cutis seco es el más complicado de solucionar, ya que a la carencia de grasas se une la deshidratación, necesitándose dos sustancias cosméticas que, en principio, son incompatibles, como son las grasas y el agua. Para solucionarlo se emplean normalmente dos cremas diferentes, aplicadas también en horarios diferentes: por el día se utilizarán productos hidratantes con aporte de vitaminas y oligoelementos, mientras que de noche se emplearán las cremas grasas con el aporte de aminoácidos y aceites esenciales.

Una advertencia: no crea que toda crema grasa es en sí misma una crema nutritiva, ni compre esas cremas que se venden a bajo precio. Los productos cosméticos eficaces están elaborados con sustancias muy costosas de obtener y por tanto deben tener un precio alto, especialmente las nutritivas.

Como base de una buena crema nutritiva siempre deben estar las vitaminas A y E, mientras que las hidratantes deben contener al menos oligoelementos.

Una crema hidratante para cada ocasión

Una crema hidratante buena puede mejorar su estilo de vida y afortunadamente hay una gran gama de hidratantes que satisfacen cada tipo de piel. Por ejemplo, si emplea maquillaje entonces debe optar por una hidratante suave para que la aplicación no se resbale fácilmente. Si la emplea de noche, una buena crema nocturna ayudará a reparar y nutrir la piel toda la noche. Unos puntos de crema alrededor de la cara serán suficientes si los frota suavemente con las palmas de sus manos, como si efectuara un mini masaje facial.

Muchas mujeres tienden a mimar sus caras pero se olvidan de su cuello y barbilla, por lo que le recomendamos que se asegure de aplicar crema debajo del hueso de la barbilla.

El ritual de limpiar, dar tónico y nutrir, debe ser tan natural como el cepillando de sus dientes. Guarde sus productos religiosamente junto a su cepillo de dientes y realice el ritual todas las mañanas y noches después de cepillar sus dientes. También le será de gran ayuda tener una cinta para sujetar el pelo y evitar así que se le enrede con los limpiadores y cremas.

Limpieza, tónico e hidratación

Esta es una trilogía que para muchos expertos en cosmética tiene que ir siempre unida. Es conocida en el mundo anglosajón como CTM y se basa en un ritual que se efectúa dos veces al día y que consiste en limpiar, entonar e hidratar la piel. Para realizarlo hay miles de productos en el mercado, cada uno de nombre y precio muy dispar, aunque en el fondo todos deben proporcionar los mismos efectos.

El tónico elimina cualquier maquillaje restante, (complementando al limpiador), pero simultáneamente refresca y prepara a la piel para recibir el emoliente o un hidratante, e incluso ambos, pues ablanda la piel y la nutre.

Existen dos tipos básicos de limpiadores: los que producen espuma y deben eliminarse con agua, y los que adoptan aspecto cremoso y que pueden ser quitados con un algodón. Para usar un limpiador de espuma es mejor emplear las manos, poner un poco en una de las palmas y frotar suavemente con las yemas de los dedos de la otra para crear espuma. Después se aplicará siempre en la cara húmeda, manteniendo los ojos bien cerrados. El masaje se efectúa con las yemas de los dedos de ambas manos suavemente pero firmemente, con pequeños movimientos circulares y tratando de extender la espuma por toda la cara. Estas acciones también asegurarán un aumento en la circulación de la sangre que ayudará a quitar toxinas y mejorará la expresión de los músculos faciales.

Salpique con agua tibia o fresca para quitar cada rastro de limpiador. Para usar un limpiador lácteo o cremoso, ponga un poco en la parte de atrás de su mano y distribúyalo así por encima de la frente, ambas mejillas, nariz y barbilla, y proceda como antes. Para quitarlo emplee un trapo o agua (salvo que se trate de un producto con aceite), o un trozo de algodón húmedo.

El peeling

Según el diccionario, peeling quiere decir peladura o abrasión y se emplea en cosmética como medio de eliminar la capa más superficial de la piel. Su finalidad es dejar una piel nueva, combatir las arrugas, aumentar la oxigenación y la coloración, así como eliminar las arrugas más recientes. También puede suavizar o eliminar ciertas manchas y quizá pequeñas cicatrices.

Según sus defensores, con el peeling se eliminan detritus, células muertas y ciertas sustancias que se producen en la piel diariamente por el sudor y la contaminación, que el lavado diario no puede quitar. Estas sustancias con el tiempo obstruyen los poros, las glándulas sebáceas y, por tanto, la respiración de la piel, con lo cual la piel se marchita y las cremas de belleza no pueden penetran en su totalidad.

Este efecto abrasivo ya era practicado desde hace milenios, pues la piedra pómez, así como las cenizas y arcilla, se han empleado con eficacia para suavizar la piel. Nuestros antepasados eran unos expertos en el arte de la cosmética y existieron épocas en las cuales incluso los varones se sometían periódicamente a estas curas. Según los países, se empleaban productos del mar, polvo de huesos o de marfil, así como arenas de canteras muy específicas, todas con un gran resultado.

La arena de la playa fue quizá el primer abrasivo de la piel que se empleó y aún hoy es el remedio de elección para la planta de los pies. Cuando tenga la oportunidad de ir a la playa, no se olvide realizar largos paseos por la arena seca y en pocos días habrá eliminado toda clase de durezas y callos.

Pero hoy en día se da preferencia a otros métodos más sofisticados, pero no por ello más inocuos, y se recurre hasta a pequeñas fresas abrasivas puestas en un taladro eléctrico, el cual realiza la abrasión en pocos segundos. Otros métodos incluyen el carbonato de sosa y algunos un simple papel de esmeril, más finos que las lijas que se utilizan en ebanistería, con lo cual la abrasión es sumamente intensa. Todos estos métodos son sumamente delicados de aplicar y no deberían emplearse salvo en zonas de piel muy endurecidas, como los codos, talones del pie, rodillas y quizá algunas partes de la mano.

Las cremas y lociones que se venden en el comercio para limpiezas profundas de la piel, consisten en diversos productos químicos que o bien producen irritación, o destrucción de la queratina. Suelen contener ácido salicílico, resorcina, fenol, ácido tricloroacético y yodo, aunque también podemos encontrar la esencia de pimienta, la parametilacetofenona y otras muchas que normalmente no se mencionan en los envases para guardar el secreto comercial de la fórmula.

Algunos de estos compuestos no actúan inmediatamente y con el paso de los días producen una reacción similar a los rayos de sol, con lo cual la piel se descama y deja al descubierto las zonas internas. Poco a poco el grosor de la piel disminuye y si el efecto no ha sido demasiado intenso, aparece una fina y suave capa cutánea más bella que la anterior, pero más frágil y fina. Por ello se deben aplicar con mucho cuidado, paulatinamente, y mejor quedarse corto que pasarse.

Después del tratamiento es imprescindible aplicar mascarillas revitalizadoras, aceites tonificadores y cremas nutritivas que den fortaleza a la nueva piel que vemos. Por supuesto, durante unos días no hay que exponerse al sol, ya que el peligro de quemadura y deterioro es muy alto.

La cosmética natural aporta productos también útiles y se emplean los que contienen enzimas como el jugo de la papaya, ligeramente abrasivos como el jugo fresco de la Celidonia, así como la mostaza y la pimienta.

El maquillaje

El propósito principal del maquillaje es igualar el tono de la piel y ocultar las manchas. Es difícil escoger el tono correcto y frecuentemente se comete el error de seleccionarlo más oscuro que la propia piel, como si pretendiera convertirlo en un bronceador instantáneo.

Los maquillajes hay que elegirlos por su textura, no por el color. No hay nada peor que una línea que marca bien la diferencia entre la cara y el cuello a causa de un maquillaje demasiado intenso de color.

Los maquillajes líquidos y cremosos, mezcla de aceite y agua, son los más populares. Los que llevan mucha proporción de aceite son más fáciles de aplicar, pero se arruinan con mucha más facilidad por el calor del cuerpo. Los que contienen más líquido globalmente son también sencillos de aplicar, pero los cremosos logran tapar mejor las imperfecciones.

CAPÍTULO 4

Mezclas con jabón

Aceites para el baño

En principio hay que recordar que el agua y el aceite no son solubles entre sí, salvo que el agua esté muy caliente, No obstante y aunque veamos flotar en el agua del baño las partículas de aceite, sus principios medicinales los podremos aprovechar, ya que al contacto con la piel se pegan a ella y se absorben relativamente fácil al tener los porros muy abiertos por el efecto del calor. Usted podrá mezclar un jabón con aceites aromáticos, contribuyendo así a ampliar los efectos de uno y del otro.

Los aceites esenciales son la parte más activa de las plantas aromáticas y su efecto terapéutico es muy intenso, bastante más que una infusión, por lo que debemos ser comedidos al emplearlos. Los adultos no deben sobrepasar las 20 gotas de esencia por baño y en los niños la dosis oscilará entre las 5 y 10 gotas.

Los podemos adquirir en el comercio ya preparados, en frasquitos individuales por planta, o también con mezclas apropiadas para tratar enfermedades concretas, aunque prepararlos en casa tampoco es muy complicado, pero debemos realizarlos unos días antes. Para ello se cogen las flores o las plantas aromáticas que vayamos a utilizar y se colocan en un tarro de vidrio cerrado herméticamente, con aceite de oliva o almendras dulces y al abrigo de la luz. Es necesario que el recipiente tenga el calor necesario para que vaya soltando el aceite y para lograrlo podemos emplear la acción del sol o sencillamente meterlo al baño María, procurando que el agua no llegue a hervir, ya que el frasco podría explotar. Esta acción del calor suave debe durar al menos 15 días, si lo exponemos al sol. Pasado ese tiempo colaremos el producto.

Un método algo más rápido consiste en mezclar las plantas aromáticas con el aceite de almendras dulces en un recipiente que se pueda cerrar y ponerlos en un horno templado (no más de 100º), durante 2 horas.

Si el aceite se pone negro es que hemos puesto demasiada temperatura y se ha estropeado, no sirviendo por tanto para su empleo.

He aquí algunas plantas que resultan muy adecuadas para mezclarlas con una base de aceite:

Consuelda, manzanilla, laurel y cedro.
Rosas, espliego, manzanilla.
Menta piperita, laurel, sándalo, romero.

El jabón en el cuidado de las manos

Las utilizamos para casi todo: para trabajar, para cocinar, para amar, para matar y hasta para curar; sin embargo apenas las concedemos mayores cuidados que un somero rasurado de uñas y quizá alguna crema suavizante al finalizar la jornada laboral. A cambio, las sometemos a la tortura de detergentes y jabones abrasivos, soportan la luz del sol, el calor, el frío y el aire, tocan alimentos, suciedad, máquinas, tierra y mil cosas más, además de servir en ocasiones para empujar, aplastar y hasta golpear. Si calculásemos cuántas veces al día las martirizamos, nos asombraríamos de que aún así sean capaces de cumplir su misión año tras año.

Para muchas personas las manos de los demás son el reflejo de su carácter y la prueba de cómo cuidan su cuerpo. Unas manos agrietadas indican que el trabajo que ejercemos es manual, mientras que unos dedos largos y delicados pueden ser indicativos de personalidad artística, o de persona que vive a costa de los demás.

Mientras que para unos estrechar una mano fornida es agradable, para otros les intimida, del mismo modo que una mano delicada en una mujer atrae y puede repeler en un hombre. Las manos agrietadas y temblorosas de un anciano predisponen a la piedad, así como la mano suave y pequeña de un niño nos invita a la ternura. Todo es según la mano que nos tienden, que nos golpea o que nos aprieta.

El lavado diario de las manos

Dicen que las manos son la parte más perfecta de nuestro cuerpo y que en ellas reside la gran primacía del ser humano sobre los animales, ya que no existe ninguna parte corporal que tenga tanta habilidad y que ejecute con tanta rapidez y perfección las órdenes del cerebro. Pero esta perfección las obliga a tocar continuamente multitud de objetos y ropas, por lo que es normal que estén continuamente sucias y que nos veamos en la obligación de lavarlas continuamente. Si se fijan, no hay parte corporal que exija tantos lavados como las manos. Pero ese lavado tan continuado es su peor enemigo y es casi imposible encontrar una persona mayor de 40 años que no tenga ya sus manos agrietadas, salvo que viva a costa del trabajo de los demás. Lo peor, sin embargo, no está en el hecho de que las ensuciemos con tanta facilidad, si no en que el mismo uso del jabón de tocador las va abrasando poco a poco. Si a este jabón le añadimos los detergentes de la colada, la colonia, el aceite del coche, la polución ambiental, los utensilios del trabajo y todo cuanto habitualmente tenemos que tocar con las manos, es lógico que no haya piel que lo pueda soportar.

El mejor lavado es con agua templada, ni fría ni caliente, sin emplear jabón salvo que se trate de un jabón medicinal. Una vez que el agua no es suficiente podemos emplear cualquiera de los muchos jabones de tocador que hayamos elaborado para nosotros, y si las manchas fueran rebeldes pasaríamos a emplear el jabón de lavar los platos, el cual cuenta ya la mayoría de las veces con protectores de las manos. Un cepillo para las uñas, un aclarado que elimine todos los restos y una crema suavizante no grasa, completarán los cuidados normales. Si ello no bastara, el aceite de oliva sigue siendo el mejor de los remedios para mantener la piel suave, aunque también se puede emplear el de germen de trigo o una glicerina vegetal mezclada con vitaminas A y E.

Para eliminar pecas o manchas solares se empleará el zumo de limón, la manzanilla o el agua oxigenada, mientras que para dar tersura son buenos los productos a partir de pepino, piña o infusiones de Salvia.

Esta es una tabla de gimnasia adecuada para las manos:

- Cierre el puño con fuerza, manténgalo unos segundos, y abra después la mano con fuerza.
- Coja una pelota pequeña, de tenis, o en su defecto una bola de periódicos de un tamaño similar y apriételá fuertemente con los dedos.
- Escoja dos o tres bolitas y juegue con ellas entre los dedos, pero sin que ayude la otra mano.

- Simule que toca el piano o la guitarra para ganar agilidad.
- Realice movimientos de muñeca en todas las direcciones.
- Con la ayuda de la otra mano, fuerce a las articulaciones de los dedos a doblarse totalmente.
- Por último, coja con sus dedos uno por uno cada dedo de la otra mano y estírelos con firmeza, como si quisiera sacarlos de su sitio.

Enfermedades de la piel

Acné

Aunque se considera una enfermedad muy benigna y que desaparece por sí sola, el hecho de que se declare precisamente en la juventud, una época en la cual el aspecto físico se valora mucho, obliga a prestar atención a las personas que lo padezcan. Se trata de una enfermedad inflamatoria en la que salen pápulas, nódulos inflamados, pústulas y en ocasiones quistes llenos de pus. Se piensa que la causa es muy compleja e intervienen problemas hormonales, abundancia de grasa, bloqueo de las glándulas sebáceas y microorganismos que se desarrollan con facilidad.

En los casos leves, en el acné superficial, se pueden producir quistes de gran tamaño por la manipulación torpe de las espinillas, mientras que en el acné profundo el pus es frecuente aún sin manipular las lesiones. Pueden quedar cicatrices una vez desaparecidos los granos y hasta extenderse al cuello, los hombros y la espalda.

Se agudiza en los meses de invierno, disminuye con la acción del sol y el calor, y la dieta rica en grasas animales y chocolate agudiza el problema. No se debe lavar la piel con jabones antibacterianos elaborados con productos químicos, siendo muy adecuados aquellos que llevan plantas medicinales.

Para quitar las espinillas se pone una cataplasma caliente de Bardana y posteriormente con un algodón se puede sanear la piel. De todas formas, hay que evitar quitar las costras ya que se puede retrasar la curación y quedar cicatrices. Cada pústula solamente se puede manipular una sola vez.

La luz solar puede ayudar a que se sequen las lesiones y el ácido retinoico (retinol) tiene también buenos efectos locales, aunque debe emplearse con precaución.

El mejor tratamiento y el más inocuo sigue siendo el natural, el cual consiste en:

- Lavarse la cara con un jabón a partir de azufre, própolis o Bardana.
- Ponerse emplastos de arcilla una vez al día, la cual se puede mezclar con infusión de Bardana o Tomillo.
- Si la pústula es muy grande y está infectada con pus, se darán toques con extracto de Bardana o Própolis.

- Cuando exista también piel grasa ayuda mucho enjuagarse con agua de limón.
- Internamente se tomará también infusión de Bardana, así como vitamina A y el complejo B.

También se recomienda tomar en ayunas aceite de oliva mezclado con unas gotas de limón, lo cual estimulará el hígado y vaciará la vesícula biliar de bilis, lo que influirá decisivamente en una buena función digestiva, especialmente de las grasas.

Una infusión depurativa, que podemos tomar antes de las comidas, consiste en una mezcla de Regaliz, Cardo Mariano, Alcachofa, Grosellero negro y Gayuba, aunque también es muy eficaz mezclar Cola de caballo, Diente de león, Romero, y Centaura menor.

Después de las comidas se puede tomar otra mezcla, sustituyendo al café, a base de Malvavisco, Malva flor, Grosellero negro, Ortiga verde y Achicoria, las cuales ayudan la labor depurativa estimulando las funciones intestinales.

Plantas medicinales adecuadas para hacer jabones y con efecto positivo en la belleza

Este es un resumen de todas aquellas plantas que podemos emplear de forma eficaz para elaborar jabones medicinales y que ayudarán a tratar enfermedades relacionadas con la belleza y que normalmente no necesitan ayuda médica. Algunas, puede ser necesario tomarlas también en infusión.

Árnica
Arnica montana

Se emplea también en tintura o en infusión concentrada, para tratamientos locales de golpes, torceduras y distensiones de ligamentos, siempre y cuando no existan heridas abiertas. De especial interés en hematomas, moratones o equimosis, así como en "arañas vasculares".

Artemisa
Artemisa vulgaris

Regula la menstruación, mejora el hipertiroidismo y localmente se emplea para reavivar el color en el cutis.

Bardana
Arctium lappa

Es una extraordinaria planta depurativa, por lo que se empleará en las afecciones de piel, tanto por vía interna como externamente. También controla los niveles de azúcar en sangre, los de urea y el exceso de ácido úrico. Son notorios sus buenos efectos en acné, dermatitis y psoriasis.

Borraja
Borago officinalis

Sus semillas son muy eficaces por la riqueza en ácidos grasos esenciales. Corrigen las menstruaciones dolorosas y ayudan a controlar los quistes de mama benignos. Aplicada externamente ayuda a mantener la piel elástica y sin arrugas prematuras.

Caléndula
Calendula officinalis

Esta planta aporta interesantes propiedades para mejorar la tersura de la piel y corregir las cicatrices, irritaciones y grietas. Imprescindible en todo tratamiento cosmético.

Espliego
Lavandula angustifolia

Se emplea como aromatizante por sus intensos vapores, los cuales desinfectan el aire. Tiene ligeras propiedades sedantes y localmente se utiliza para tonificar la piel.

Eucalipto
Eucalyptus

Popular planta que se emplea para suavizar las vías respiratorias, aunque también tiene buenos efectos en la diabetes y para bajar la fiebre en las infecciones bronquiales. Localmente es adecuada para lavar el cabello y reforzarlo.

Ginkgo

Ginkgo biloba

Mejora las afecciones venosas y las hemorroides. Se puede utilizar localmente en forma de jabón o loción para varices o como infusión para el tratamiento interno.

Malva

Malva

Suaviza la piel, descongestiona e hidrata.

Manzanilla
Chamaemelum nobile

Sus efectos sedantes del aparato digestivo y nervioso son sumamente populares. También se emplea para aclarar los cabellos, dar brillo a los ojos y limpiar la piel.

Melisa
Melissa officinalis

Es una planta reguladora de las funciones de la mujer. Estabiliza el sistema nervioso alterado sin inducir al sueño. Como jabón, proporciona un cutis relajado.

Ortiga verde
Urtica dioica

Internamente se comporta como un depurativo y como jabón medicinal es útil para quitar la caspa y estimular el crecimiento del pelo.

Romero
Salvia rosmarinus

Aromática planta que se puede utilizar como estimulante y para activar las funciones de la vesícula biliar. Localmente refuerza el cabello y mejora las alopecias. Se emplea también mezclado con aceite de almendras dulces para masajes estimulantes.

Tomillo
Thymus

Se trata de un antibiótico natural muy eficaz, el cual refuerza las defensas y tiene un ligero poder estimulante. Mejora las digestiones, mitiga la tos y ayuda a expulsar los parásitos intestinales. Externamente limpia y desinfecta la piel.

CAPÍTULO 5

Jabones no medicinales

La fabricación de jabones no medicinales, frugales y prácticos, es una forma de arte donde las combinaciones de ingredientes potenciales son prácticamente infinitas. Usando componentes naturales que nutren la piel, los jabones hechos a mano están enriquecidos con vitaminas, minerales y aceites beneficiosos que no secan la epidermis, como los jabones comprados en la tienda tienen una tendencia a hacer.

Fabricación de jabón en casa

Hacer jabón en casa utilizando el método de proceso en frío, parece complicado al principio, pero en realidad es muy fácil y no mucho más difícil que hornear un pastel. De hecho, creo que la fabricación de jabón es extremadamente adictiva y una de las aficiones creativas más gratificantes.

Seguridad

Cuando se aprende a hacer jabón en casa, mucha gente expresa su preocupación por el proceso de frío, en particular, los peligros de trabajar con lejía y, sí hay que tomar algunas precauciones cuando se maneje. La lejía es el álcali más común utilizado para la fabricación de jabón. Su nombre oficial es hidróxido de sodio (NaOH).

Todas las recetas de fabricación de jabón permiten un 5% de sobrealimentación. Esto asegura la correcta saponificación (la reacción que crea el jabón) asegurándose de que no quede ningún álcali cáustico libre y se logre un buen equilibrio de pH. Mientras haya medido correctamente sus ingredientes, no tiene nada de qué preocuparse. Asegúrese de probar siempre el jabón usando una tira de pH para asegurarse de que esté entre 7 y 10.

Cuando haga su propio jabón en casa, siempre proteja los ojos y la piel poniéndose gafas de seguridad y guantes de goma. Si se mancha la piel, lávela con vinagre antes de lavarla con agua.

Una vez que agregue el agua a su lejía, se elevarán algunos humos de asfixia de su recipiente. Mantenga su cara alejada de estos humos mientras revuelve la mezcla y trate de no inhalarlos. Puede usar una máscara si lo desea. Envuelva una bufanda alrededor de la nariz y boca y eso es probablemente suficiente, ya que los vapores solo duran unos momentos.

Nunca deje su mezcla de jabón desatendida, especialmente si tiene niños o mascotas en su hogar.

Fabricar jabón en frío

El jabón de proceso en frío es un jabón hecho a mano con un aspecto hermoso que, cuando está perfumado con aceites esenciales y coloreado con elementos botánicos, lo convierte en un proyecto que se puede hacer en casa, que parece provenir de una galería de artistas. El jabón de proceso en frío no tiene aditivos que sean malos para la tierra y es suave para la piel sensible.

Si no está utilizando un kit, el primer paso y el más crucial en la fabricación de jabón de proceso en frío, es pesar las materias primas (grasas, lejía, agua) con precisión. Prepare todo lo que necesitará y distribúyalo de manera accesible antes de comenzar. Las medidas de fabricación de jabón se realizan en peso, no en volumen, así que asegúrese de obtener una buena balanza de cocina y sopesar los ingredientes.

Cuando tanto los aceites como la lejía o el agua estén a las temperaturas requeridas, vierta lentamente lejía o agua en los aceites mientras revuelve rápidamente en pequeños círculos. Siempre agregue lejía o agua al aceite, no al revés.

Continúe agitando rápidamente la mezcla hasta que espese y obtenga la consistencia de un pudín. La mezcla está lista para ser moldeada cuando una marca de llovizna de la espátula permanece durante unos segundos en la parte superior de la mezcla. Acelere el proceso de rastreo utilizando una batidora de mano para mezclar. Tenga cuidado de no mezclar demasiado.

Agregue aceites esenciales, colorantes naturales y hierbas o exfoliantes en esta etapa. Trabaje rápido, ya que la mezcla comenzará a espesarse rápidamente. Hay muchas opciones para colorear y perfumar el jabón, pero evite los perfumes, las fragancias y los colores artificiales.

Vierta la mezcla en cartones de leche de 1 litro y engrape las tapas para cerrarlas. Envuelva los cartones en una toalla grande y póngalos en un lugar cálido durante 48 horas. Los cartones se calentarán a medida que la mezcla se neutralice y se convierta en jabón.

Para desmoldar el jabón, retire las cajas de leche y corte cada caja de 1 litro a lo largo en 3 secciones iguales para jabón de ducha y 4 secciones iguales para jabón de manos. Gire cada sección para que parezca un cuadrado desde la parte superior y córtela en 3 secciones iguales.

Coloque cada barra en una rejilla de alambre en un lugar fresco y oscuro para curar durante tres semanas. Después de tres semanas, el jabón se puede pulir con un paño de algodón y envolver para regalos. En esencia, la fabricación de jabón consiste en combinar grasas vegetales o animales con un alcalino fuerte, generalmente lejía. El proceso, llamado saponificación, es la reacción química entre estos dos elementos.

Para el principiante fabricante de jabón, el proceso de "derretir y verter" es la opción más fácil para comenzar. Con una base de jabón prefabricada, todo lo que se necesita hacer es derretirlo en el microondas, y luego agregar fragancias, color, minerales, hierbas y cualquier otro ingrediente que se desee. Hay que verterlo en moldes y dejarlo enfriar unas horas. Una vez que se ha endurecido completamente, está listo para ser utilizado.

La fabricación de jabón más avanzada implica el tradicional "proceso de frío" que requiere la mezcla de aceites con una solución base, como la lejía. Dado que la lejía es cáustica y quemará la piel al contacto, es importante seguir estos procedimientos de seguridad antes de comenzar. La ventaja del jabón procesado en frío es que usted tiene más control sobre los ingredientes que utiliza y el jabón durará mucho más que los jabones fundidos y vertidos. Para las barras más firmes, deberá esperar de 4 a 6 semanas para permitir que el jabón se cure completamente.

Cosas que se necesitará

Dependiendo del proceso de fabricación de jabón que elija, debe tener a mano estos ingredientes y herramientas básicas:

- Balanza de cocina para mediciones precisas.
- Cuencos de mezcla ecológicos, dedicados sólo para la fabricación de jabón.
- Cucharas dosificadoras.
- Moldes de silicona.
- Aditivos como aceites esenciales, hierbas secas, aceites vegetales y colorantes naturales.
- Base de jabón para el método de "derretir y verter": leche vegetal, manteca de karité o glicerina.
- Una base alcalina para "proceso frío" –lejía o ceniza de madera.
- Termómetro de lectura rápida.

Ingredientes básicos

330 g de aceite de coco
300 g de aceite de oliva
310 g de agua mineral (agua destilada)
145 g de lejía (soda cáustica)
25 ml (6 cucharadas de té) de aceite esencial
o aceite con fragancia.

Nota:

Puede ajustar el volumen del aroma a 25 ml, que es el 2% de todos los aceites y el agua que se agregan. Dependiendo de su preferencia, puede aumentarla hasta un 5%, lo que en esta receta sería de 66 ml máximo. Sin embargo, eso sería muy fuerte dependiendo de los aceites que elija, por lo que recomiendo comenzar con un 2%.

EL MÉTODO DEL PROCESO FRÍO

PASO 1

Reúna y mida los ingredientes.

Necesitará medir cuidadosamente los ingredientes y no intente adivinar ni usar tamaños de tazas, ya que cuando se hace jabón, necesita la mezcla correcta para completar el proceso de saponificación. Use gramos u onzas, no mezcle los dos.

Son preferibles los gramos porque lo considero mucho más preciso, pero si necesita convertir onzas en gramos por cualquier motivo, simplemente multiplique por 28,35 que es el equivalente a 1 onza.

PASO 2

Preparar un molde de jabón. Si no tiene un molde de jabón específico, cualquier envase de buen tamaño servirá. Los recipientes de plástico resistentes que aún tienen suficiente capacidad para quitar el jabón, hacen los mejores recipientes porque no tiene que alinearlos. Se pueden usar moldes de silicona, ya que es mucho más fácil quitar el jabón.

Una ronda de grasa rápida con un poco de aceite sólido de la receta, y están listos para usar. El vidrio, la madera, la cerámica o el cartón, todos revestidos con papel de congelador/carnicero, también harán los moldes adecuados. Evite usar moldes de metal, a menos que pueda estar seguro de que son de acero inoxidable.

PASO 3

Para tener una buena idea del tamaño del molde necesario, agregue los aceites y el agua en la receta, y luego llene un molde con esa cantidad de agua.

La mejor manera de alinear su molde al usar el papel de congelador es cortar dos tiras, una para ir a lo ancho de su caja y la otra para ir a lo largo. Deje suficiente papel en el papel para doblarlo sobre los bordes y asegúrelo con cinta adhesiva.

Póngase gafas protectoras, máscara, delantal y guantes largos de goma. Vierta el agua mineral en una jarra grande de plástico resistente o en un cubo de plástico. Lentamente, agregue la lejía (soda cáustica), usando una espátula de plástico para agitar hasta que se disuelva.

El agua comenzará a calentarse cuando reaccione con la lejía, deberá enfriarse hasta que alcance la temperatura requerida (consulte la receta específica).

PASO 4

En una sartén grande de acero inoxidable o esmalte, derrita suavemente los aceites o ceras a fuego lento. (Esto no incluye aceites esenciales o de fragancia). Use dos termómetros para dulces, coloque uno en la mezcla de soda cáustica y otro en la mezcla de aceite. También puede utilizar un termómetro infrarrojo.

Cuando ambas mezclas alcancen una temperatura igual, comience a remover la lejía en el aceite, haga esto lentamente, y recuerde que siempre debe agregar lejía a otros materiales, no al revés, pues verter un líquido en cristales de lejía puede causar salpicaduras y puede quemar la piel. Recomiendo combinar a una temperatura equilibrada de entre 49º- 60º.

PASO 5

Con una batidora de palos, comience a agitar cuidadosamente la mezcla durante varios minutos, lentamente al principio sin encender la licuadora.

Luego, dale a la mezcla unas pocas ráfagas cortas de 3 segundos, revolviendo entre cada ráfaga hasta que la mezcla se espese un poco y se vea un poco como una crema espesa.

Esto se llama "traza" y es una señal de que el jabón está funcionando bien. Sumergiendo la espátula o cuchara en la mezcla y goteando una pequeña cantidad de nuevo en la mezcla, debería dejar un "rastro" ligero

(como un pequeño montículo de jabón que tarda unos segundos en mezclarse con la mezcla).
O a mano, lo cual llevará un poco más de tiempo, tal vez hasta una hora, pero con un movimiento lento y constante con un batidor de mano eventualmente llegará a la etapa de rastreo.
Y ahora, suele ser el momento de agregar cualquier extra como flores, fragancias, aceites esenciales, colores o texturas.

PASO 6

Vierta el jabón en el molde y alise con una espátula. Coloque un pedazo de cartón sobre la parte superior y envuelva una toalla vieja alrededor de todo para mantener el calor.

PASO 7

Deje que el jabón se asiente durante 24 horas en un lugar cálido hasta que se haya endurecido. No se alarme demasiado si echa un vistazo rápido al jabón y se ve translúcido, esto se conoce como la etapa de gel y es perfectamente natural.

PASO 8

Cuando el jabón se haya endurecido (generalmente alrededor de 24 horas), retírelo del molde y déjelo al aire unas horas. Como regla general, debe tener la consistencia del queso duro antes de cortarlo. El jabón aún será cáustico en este punto, por lo que recomendaría seguir manejándolo con guantes durante las primeras 48 horas.

PASO 9

Corte su jabón en bloques, para esto simplemente puede cortar a mano para una apariencia más resistente o usar su caja de corte de jabón para algo más simétrico. Luego, cubra una rejilla, bandeja o caja de enfriamiento con un paño y coloque los bloques de jabón en posición vertical sin tocarse entre sí para que el aire pueda circular. Guárdelos en un lugar seco y ventilado, volteándolos todos los días durante la primera semana y luego cada dos días durante 4 semanas.

Este tiempo continúa el proceso de curado asegurando que toda la lejía ha sido neutralizada y el agua evaporada. Durante este tiempo, puede encontrar un polvo fino en el jabón, esto es ceniza de soda y se puede raspar antes de usarlo.

PASO 10

Todas las recetas de jabón de proceso frío permiten un 5% de sobrealimentación. Esto asegura la correcta saponificación (la reacción que crea el jabón) asegurándose de que no quede ningún álcali cáustico libre y se logre un buen equilibrio de pH.

Mientras haya medido correctamente sus ingredientes, no tiene nada de qué preocuparse. Asegúrese de probar siempre el jabón usando una tira de pH para asegurarse de que esté entre 7 y 10.

CAPÍTULO 6

Recetas diversas

RECETAS CON LEJÍA

Es mejor usar protección al hacer jabón, ya que la lejía puede quemar la piel. Hasta que los aceites y la lejía se hayan convertido en jabón (48 horas después de hacer la receta) es mejor protegerse. Siempre use guantes de goma, gafas de seguridad y mantenga su área de trabajo libre de niños y mascotas.

Aceites: Calentar suavemente (lentamente) los aceites en una olla de acero inoxidable en la estufa. Alternativamente, use un horno de microondas y caliente durante dos minutos a temperatura alta, y luego a intervalos más cortos hasta que alcance la temperatura indicada en la receta.

Recipiente: con agua destilada a temperatura ambiente. Pese la cantidad especificada por la fórmula en un recipiente de vidrio resistente al calor o una taza grande de medición Pyrex. Mientras agita, agregue lentamente la cantidad medida de lejía. Repito, despacio, pues es importante tener en cuenta que agrega la lejía al agua, no el agua a la lejía. Revuelva hasta que se disuelva. Esta mezcla se pondrá súper caliente rápidamente, así que ten en cuenta eso. Además, los humos son terribles, por lo que si puede remover desde debajo de los humos (con la lejía en el mostrador y agacharte abajo mientras lo hace) al aire libre o al menos con las ventanas abiertas, eso sería lo mejor. Coloque el recipiente de vidrio en un baño de agua helada y enfríe a la temperatura requerida. Obtenga lecturas de temperatura precisas con un termómetro para dulces en el centro de la solución.

Cuando tanto los aceites como la lejía/agua estén a las temperaturas requeridas (como se indica en su receta), vierta lentamente lejía/agua en los aceites mientras revuelve rápidamente en pequeños círculos. Siempre agregue lejía/agua al aceite, no al revés.

Nota: Una onza equivale a 28,34 gramos.

Una de las preguntas más comunes sobre la fabricación de jabón es cómo hacerlo sin lejía, pero hay quien opina que esto es como intentar hacer un bicarbonato de sodio y vinagre sin el vinagre, por lo que se acaba obteniendo un montón de bicarbonato de sodio. Sin lejía, se acaba teniendo un cubo de grasa. Ambos son necesarios para provocar una reacción química llamada saponificación, también conocido como hacer jabón.

Utensilios básicos

Olla de barro (8 raciones)

Batidora de palo

Pesadora digital

Termómetro

Tazas de vidrio medidoras

Pequeños tazones de vidrio

Palo

Una cuchara de plástico con mango largo (si usa una cuchara de madera, asegúrese de no usarla para nada que no sea hacer jabón).

Espátula de goma

Fregadero o tazón lleno de vinagre y agua para limpiar cualquier cosa que entre en contacto con la lejía. Seguir limpiando con jabón.

Equipo de protección: camisa de manga larga, guantes de plástico/goma, gafas de seguridad o equipo de protección ocular.

Molde para jabón. Un molde para pan tamaño estándar es perfecto para este lote, las cajas de cartón también funcionarán.

Papel pergamino para forrar el molde de jabón.

Procedimiento básico

PASO 1

Pese los ingredientes.

PASO 2

Se pone el agua a un tazón de vidrio o cerámica de tamaño mediano y se saca afuera, junto con la lejía y la cuchara de mango largo. Mientras usa su equipo de protección y teniendo cuidado de no respirar los vapores, agregue lentamente la lejía al agua mientras mezcla suavemente. El orden es importante aquí, así que asegúrese de que es la lejía la que está vertiendo en el agua. La mezcla se pondrá muy caliente, así que tenga cuidado. Deje que pase de nublado a despejado, luego introdúzcalo. Deje enfriar durante 5-10 minutos mientras trabaja en el paso 3.

PASO 3

Coloque el aceite de coco en una cacerola y caliente a 50 grados (120-130F). Asegúrese de que el termómetro no esté tocando el fondo de la olla cuando tome su lectura. (Puede omitir este paso si desea agregar su aceite directamente a la olla de cocción lenta y esperar a que se derrita).

PASO 4

Coloque el aceite de coco en su CrockPot (cocina lenta y a baja temperatura que conserva la humedad) y ajuste hacia abajo.

PASO 5

Agregue lejía al CrockPot (teniendo cuidado de no salpicar) y revuelva unas cuantas veces.

PASO 6

Use la batidora de palos y comience a mezclar hacia la "traza". Sabrá que la traza se logra cuando la mezcla tiene la textura y el espesor de un pudín ligero.

PASO 7

Tapar y dejar cocer a fuego lento. Durante este proceso, los aceites deben elevarse por los lados como una onda y luego doblarse de nuevo en la mezcla. Por lo general, suele tardar entre 45 minutos y 1 hora, pero el tiempo de cocción variará según la temperatura de la olla. Hay que revisarlo a menudo. Si se eleva por los lados y parece que podría desbordarse, simplemente agítelo y reducirá su volumen.

PASO 8

Cuando el jabón esté listo, debe verse un poco como vaselina semitranslúcida sin charcos de aceite en el centro. Hay dos formas de probar y ver si está hecho. Primero, sumerja una tira reactiva de pH y espere varios minutos para que cambie de color por completo. Debe estar entre 7-10. Si es superior a 10 no se hace. Para un enfoque un poco menos científico, tome un poco de jabón y frótela entre sus dedos. Debe sentirse un poco ceroso. Nota: es muy importante asegurarse de que se convierta toda la lejía; de lo contrario, el jabón terminado puede quemarse.

PASO 9

Si va a agregar aceites esenciales, espere a que la mezcla se enfríe un poco y luego agréguelos, de lo contrario perderán su fragancia.

PASO 10

Coloque la mezcla en su molde y deje enfriar. Si quiere acelerar este proceso, póngalo en la nevera.

PASO 11

A diferencia de otras barras que deben endurecerse durante 24 horas antes de ser cortadas, el aceite de coco hace una barra muy dura que será difícil de cortar si se deja secar demasiado tiempo. Cortar tan pronto como esté fresco y firme.

PASO 12

En un área con buen flujo de aire, coloque barras en un estante/bandeja con aproximadamente una pulgada de espacio entre ellas. Permita que se sequen y se endurezcan unos pocos días más. Aunque puede probar su primera barra de inmediato, es mejor dejar que se sienten durante 2 a 3 semanas para que las propiedades de acondicionamiento se desarrollen por completo.

Duración

Alrededor de 1 año cuando se almacena en un lugar fresco y seco.

Descargo de responsabilidad

El hidróxido de sodio es altamente cáustico y debe manejarse con cuidado y conocimiento.

JABÓN DE ARCILLA VERDE

Ingredientes:

200 g de aceite de aguacate
300g de aceite de coco
100 g de aceite de ricino
100 g de manteca de karité
200 g de grasa animal o vegetal
25 ml de aceite de fragancia de jazmín

15 ml de aceite de fragancia de sándalo
4 cucharaditas de arcilla verde
3 cucharadas de agua (para la arcilla)
128 g de lejía
297 g de agua (para la lejía)

PASO 1

Poner los aceites, mantequillas y sebo en la olla de barro en un nivel bajo. Permita que los sólidos se derritan en los líquidos. Asegúrese de excluir los aceites de fragancia y la arcilla.

PASO 2

Antes de continuar, tendremos que equilibrar el aceite con la solución de lejía. Necesitas que ambos estén por debajo de 55° antes de mezclar.

Cuando estén equilibrados los aceites con la solución de lejía, apague el fuego y vierta la lejía en sus aceites y revuélvalo. Puede agregar un poco al principio, solo para asegurarse de que no verá ninguna reacción adversa.

PASO 3

Utilice una batidora de palo. Mezclar en breves ráfagas de un par de segundos, seguido de un revuelo. Deberá repetir esto hasta que vea el signo del rastro. Este proceso puede demorar hasta 5 minutos, pero varía según la temperatura de sus aceites.

PASO 4

Ahora hay que usar calor para acelerar el proceso de saponificación. Cambie su olla de barro a un ajuste bajo y ponga la tapa. Deberá dejar la masa durante 20 minutos y revolverla cada 20 minutos. La masa debe alcanzar la "fase de gel", que es cuando la masa se vuelve ligeramente translúcida, brillante y posee un parecido sorprendente con la vaselina. Cuando vea esto, apague el fuego.

PASO 5

Ahora que el jabón está bien cocido, es hora de agregar ingredientes adicionales. Para esta receta usar aceites de fragancia, con un poco más de jazmín que de sándalo para ayudar a equilibrar el perfil del aroma. Está bien usar los aromas que desee, así como sustituir los aceites esenciales.

PASO 6

Ahora hay que añadir la mezcla de arcilla verde y agua. Cuando haya mezclado la arcilla y el agua, agréguela a la mezcla de jabón.

PASO 7

Ahora hemos agregado todos los ingredientes necesarios, así que continúe y vierta la mezcla en un molde de jabón. Los moldes de silicona funcionan mejor, pero si no lo es, asegúrese de que lo haya forrado con un poco de pergamino para hornear.

PASO 8

Deberá dejarlo solo durante 24 horas, ya que se endurece en el molde. Al día siguiente, debería poder sacarlo del molde y cortarlo en rodajas. Si encuentra que el jabón es más suave de lo que le gustaría, dale una semana para que se endurezca.

JABÓN DE BEBÉ CON SUERO DE LECHE

La piel del bebé es súper sensible. ¿No querría saber qué ingredientes contiene exactamente el jabón que usa para ellos?

¿Qué es la *bastilla*? *Bastilla* es un término acuñado cariñosamente para el jabón que se hace con un alto porcentaje de aceite de oliva. *Castilla* es 100% jabón de aceite de oliva y la *bastilla* es un jabón hecho con 70% (o más) de aceite de oliva, pero contiene otros aceites o mantequillas.

Castilla por sí sola no es muy burbujeante, pero si agrega un poco de aceite de coco y suero de leche puede aumentar un poco las burbujas, pero manteniendo la suavidad del alto contenido de aceite de oliva. El suero de leche contiene azúcar, que también ayuda a estimular las burbujas.

Ingredientes:

Aceite de oliva 760 gramos
Aceite de coco 140 gramos
Suero de leche 225 gramos
Comida para bebé de zanahoria 70 gramos
(asegúrese de que solo diga zanahorias y agua)
Lejía 120 gramos

Hay muchas técnicas diferentes cuando se usa la leche para hacer jabón. Una adecuada es congelar la leche de antemano en bandejas de cubitos de hielo. La leche contiene azúcar y se calienta bastante cuando se prepara la solución de lejía. Si se congela de antemano, ayudará a reducir las temperaturas. Así que llene una bandeja de cubitos de hielo con el suero de leche y téngala congelada previamente.

El siguiente paso es hacer la solución de lejía. La leche no tiene que estar congelada, sino que debe ser agrada-

ble y fangosa. Pese 225 gramos de leche y agregue los 70 gramos de puré de zanahorias.

Para ayudar a reducir las temperaturas al agregar la lejía, puede colocar su recipiente de lejía en un baño de hielo. A medida que agregue la lejía y revuelva, esto evitará que se queme o queme la leche.
Medir el aceite de oliva, el aceite de coco y fundir. Por lo general, no hay que calentar el aceite de oliva. Se agrega a los aceites sólidos fundidos y las mantequillas. Añada la solución de lejía a los aceites calientes y mezcle hasta que alcance el rastro.

Después de 24 horas, cortar y curar. Los jabones con alto contenido de aceite de oliva funcionan mejor con un tiempo de curado más prolongado. Es recomendable curar este jabón al menos seis semanas.

ÁRBOL DE TÉ Y JABÓN FACIAL DE CARBÓN

Formulado para pieles mixtas y grasas, esta elegante y sexy barra de jabón negro contiene los atributos curativos del aceite de árbol de té, junto con los efectos desintoxicantes del carbón activado. Y la selección de aceites amigables con la piel, como los aceites de ricino, coco, palma, oliva y tamanu, garantiza una hidratación profunda.

Esta sería la composición:

Molde silicona
Aceite de ricino (5%)
Aceite de coco (25%)
Aceite de oliva (40%)
Aceite de palma (25%)
Aceite de panamú (5%)
Agua destilada (15%)
Un poco de lejía
Aceite esencial de árbol de té (libre)
Carbón activado (2 cucharadas)

Nota

Aunque usted haya leído cosas fatalistas sobre el aceite de palma, no las tenga en cuenta, pues quienes elaboran otros aceites quieren eliminar la competencia del aceite más usado en cosmética.

JABÓN DE ACEITE DE COCO PURO

Requiere aceite de coco, agua, lejía y una elección de aceites esenciales, este jabón básico es naturalmente hidratante y limpiador. Se puede añadir más aceite de coco que lejía, creando una barra que es extra grasa y, por lo tanto, hidratante. Esta receta también se puede ajustar fácilmente para hacer también jabón de lavar.

El jabón debe estar hecho con más del 30% de aceite de coco, ya que es muy eficaz para romper el aceite o la grasa que se puede secar.

Afortunadamente, hay una manera de simplificar las cosas sin escatimar en el producto final: se llama "superfatting". Básicamente, se agrega el equivalente a "crema hidratante de un cuarto" como hacen las grandes marcas, y sólo se elimina los tóxicos químicos que usualmente se añaden. Al agregar un 20% más de aceite de coco que de lejía, se logra hacer una lujosa barra para el cuerpo. Por supuesto, esto no funciona con algunos aceites vegetales que se vuelven rancios fácilmente: la alta estabilidad en almacenamiento del aceite de coco, es lo que le convierte en una buena opción.

JABÓN DE ALOE VERA

Posee efectos refrescantes, hidratantes y antibacterianos.

Cómo extraer aloe fresco
para la fabricación de jabón:

Cortar la hoja de aloe en varias secciones.
Use un cuchillo afilado para correr a lo largo de los bordes internos de cada sección, separando el gel in-

terno de la piel externa. Use sus dedos o una cuchara y presione el gel de aloe de la hoja.

Colocar en un pequeño procesador de alimentos o licuadora. Procesar hasta que quede suave. (Se volverá esponjosa, casi como claras de huevo).

Almacene en el refrigerador si va a hacer jabón en unos pocos días, o congele en bandejas de hielo para un almacenamiento más prolongado.

Ingredientes:

71 g de agua destilada
55 g de lejía (hidróxido de sodio) - 6% de grasa superior
57 g de gel de aloe fresco
170 g de aceite de oliva
85 g de aceite de coco
Girasol 7 g (o almendra dulce o almendra de albaricoque)
57 g de mantequilla (o manteca de karité, mango o cacao)
28 g de aceite de ricino

Elaboración:

Póngase gafas y guantes.

Pesar el agua en un recipiente de acero inoxidable o plástico de uso pesado.

Pesar la lejía en una taza pequeña.

Espolvorear la lejía en el agua y revolver bien.

Si se usa, agregue la arcilla verde y el polvo de chlorella.

Enfríe la solución de lejía en un lugar seguro durante 30 a 40 minutos.

Agregue el lactato de sodio, si lo usa.
Derrita el mantequilla y el aceite de coco, luego combine con los aceites restantes.
Agregue el extracto de oleorresina de romero (ROE) a los aceites, si lo usa.
Use una licuadora de inmersión para mezclar bien el gel de aloe fresco con los aceites.
Vierta la solución de lejía enfriada en la mezcla de aceites tibios/aloe.
Use una combinación de agitación manual y breves ráfagas breves de la licuadora de inmersión para mezclar hasta que el jabón alcance el rastro.
Vierta el jabón en moldes.
Cubra ligeramente con una hoja de papel encerado, luego una toalla o manta para aislar.
Mantenga el jabón en el molde 1 a 2 días o hasta que sea fácil de quitar.
Cure el jabón en hojas de papel encerado al aire libre durante más de 4 semanas, antes de usarlo.

RECETAS SIN LEJÍA

JABÓN DE LECHE DE CABRA CON AVENA Y ALMENDRA

Jabón de leche de cabra con avena y almendra

La avena tiene grandes beneficios para la piel. ¿Por qué no combinarlo con leche de cabra y convertirlo en un jabón artesanal?

Puede comprar trozos de base de jabón derretido y leche de vaca, pero hay una amplia variedad de bases para elegir, incluyendo manteca de karité, aloe vera, aceite de oliva, etc. Hay variedades perfumadas y sin perfume, así como bases de colores claros y blancos.

Procedimiento:

Corte una base de jabón en cubos y colóquelos en un recipiente de vidrio. Puede derretir la base de jabón en un recipiente o puede ponerla en el microondas y calentarla durante intervalos de treinta segundos, revolviendo entre cada intervalo hasta que la base se derrita. Use 280 gramos de base de jabón, y se necesita aproximadamente tres intervalos de treinta segundos (más la agitación) para derretirlo completamente.

Cubrir el recipiente de vidrio con envoltura para ayudar a mantener la humedad, si calienta su base con microondas.

JABÓN DE LECHE DE CABRA CON CHOCOLATE

Si ama el aroma del chocolate y la leche, le encantará aún más en su piel.

Ingredientes:

35% de aceite de oliva
30% de aceite de coco
20% de aceite de palma
10% de manteca de cacao
5% de manteca de aguacate
Leche de cabra - 342 gramos
Aceite de fragancia de mousse de chocolate - 2 cucharadas (agregadas en el rastro)
55 gramos de aceite de germen de trigo (agregado en la traza)

Siga los procedimientos para el jabón de proceso en frío.

JABÓN DE CANELA, AVELLANA Y CAFÉ

Primero, reúne los ingredientes. Para este jabón de canela y café de avellana, utilice canela, una pizca de especia de pastel de calabaza (opcional), leche, granos de café de canela y avellana, leche y aceite de miel. Determine cuánta cantidad de base de jabón necesitará y luego comience a rallar su base.

Cuando todo esté rallado, ponga su base en una caldera doble o una olla de cocción lenta y caliente a fuego medio-alto, revolviendo frecuentemente, aproximadamente cada cinco minutos. Dependiendo de la cantidad de base que esté utilizando, (y de la temperatura ambiente) puede necesitar de 25 minutos a una hora para que su base se derrita.

Para acelerar el proceso de fusión, puede agregar agua destilada (o leche de cabra) a su base, teniendo en cuenta que cuanto más líquido (agua/leche y más adelante, aceites de fragancia), agregue más tiempo necesitará para que su base se establezca y más suave será su barra terminada. Agregue aproximadamente 1/2 taza de leche a mis tres libras de base.

Necesitará una olla grande de agua con un recipiente de Pyrex encima.

JABÓN CON SORPRESA

¿Quién no querría un baño con una sorpresa? Se puede hacer este jabón de glicerina con tiburones de juguete en el interior. Con esta idea, puedes poner los juguetes que quiera en el jabón casero.

JABÓN HECHO DE VAINILLA CON LECHE

Ingredientes:

13 cubos de base de jabón de leche de cabra
1/4 taza de café preparado
Granos de café
Aceite esencial de vainilla
Molde de jabón.

Prepare una taza de café; dejar a un lado los posos de café. Corte el jabón en cubos y colóquelo en una caldera doble o en un horno de microondas en intervalos de 30 segundos (utilice una taza grande para medir pyrex sobre una caldera doble).

Derrita el jabón a fuego medio-bajo. Una vez que los cubos de jabón se vuelvan líquidos, agregue unas gotas de aceite esencial de vainilla. Agregue lentamente en 1/4 taza de café y granos de café; revuelva bien.

Vierta en moldes de jabón y deje que se endurezca durante al menos una hora. Presione el molde para liberar el jabón.

JABÓN ARCOÍRIS

Es muy fácil de hacer. Este es un proyecto de dos partes y requiere habilidades medias y algo de experiencia en la fabricación de jabón. Aun así, recomiendo probar incluso si es la primera vez que hace jabones.

Materiales:

Microondas - Para derretir el jabón.
Base de jabón de glicerina - clara y blanca.
Taza de medición segura para microondas.
Cuchara- Para mezclar en el color y aroma.
Aceite de fragancia o aceite esencial.
Colores de jabón - Recomiendo azul, rojo y amarillo.
Molde para muffins.
Molde plano o de pan.
Cuchillo.
Tabla de cortar.

PRIMERA MITAD: HACER EL ARCOÍRIS.

Derrita una pequeña cantidad de jabón blanco y agregue una pequeña cantidad de color. Vierta una capa de jabón en el molde de pan. Cuando esté seco, agregue otra capa hecha de un color diferente. Repita hasta que tenga un pan de capas de aproximadamente 4 cm. x 16 cm. de largo. Cortar el pan en tiras de arco iris de aproximadamente 1 cm. de largo, 3 cm. de ancho. Dobla las tiras para formar un arco iris.

Paso a paso:

Estamos haciendo capas de colores, para cada capa, se funde el jabón y se le agrega color y aroma.

PASO 1

Derretir jabón.

Derrita 55 gramos de jabón blanco en un recipiente o taza de vidrio apto para microondas. Para evitar quemar el jabón, asegúrese de sacar el jabón del microondas cada 30 segundos aproximadamente y removerlo. Un total de 1 minuto por lo general funciona. Ayuda a que se derrita mejor revolviendo.

PASO 2

Añadir aroma.

Puede utilizar aceite esencial o aceite de fragancia seguro para la piel. Dependiendo de cuánto jabón haya derretido, agregue 0.5 cucharaditas por 450 gramos de jabón (2.5 ml de aroma / por 450 gramos de jabón).

PASO 3

Añadir colores

Estamos haciendo un arco iris, así que recomiendo colorear cada capa con un color diferente comenzando con rojo básico, azul, amarillo, verde (azul + amarillo) y púrpura (rojo + azul). Como el jabón es blanco, obtendrá un color pastel.

PASO 4

Verter en el molde de pan.

Vierta una capa de jabón en el molde. Cuando se enfríe lo suficiente como para ser sólido, vierta otra capa de jabón con un color diferente.

PASO 5

Repetir

Repita estos pasos hasta que obtenga un "pastel" de jabón en capas con aproximadamente 4 colores.

PASO 6

Corte

Corte tiras de aproximadamente 4 cm. x 16 cm. *de jabón de arco iris con rayas. Doblar las tiras para hacer arco iris y reservar.*

SEGUNDA MITAD: HACIENDO LA NUBE
Y AÑADIENDO EL ARCO IRIS.

Derretir el jabón claro y añadir color azul y aroma. Derrita una pequeña cantidad de jabón blanco.Vierta jabón azul claro en la cavidad del muffin, agregue una pequeña cantidad de jabón blanco en el jabón azul, creando un efecto turbio. Ahora incrustar el arco iris en el jabón azul.

PASO 1

Haciendo cielo azul

Derrita el jabón claro, se requieren aproximadamente 70 gramos para cada jabón. Agregue el color azul y la fragancia y vierta en el molde para muffins. Deje 13 cm. del molde vacío. Todavía tenemos que añadir el jabón blanco y el arco iris.

PASO 2

Nubes en el cielo.

Derrita una pequeña cantidad de jabón blanco (aproximadamente 28 gramos por jabón). Vierta un poco de jabón blanco en el jabón azul, creando nubes blancas en el jabón azul.

Dejar enfriar, pero no secar completamente.

PASO 3

Añadiendo un arco iris

Incrustar un arco iris en cada nube. Si el jabón es demasiado frío o sólido, puede usar un poco de jabón claro como "pegamento".

Si el jabón azul está demasiado caliente, espere a que se enfríe e incruste el arco iris cuando el jabón aún esté líquido (gelatinoso) pero no demasiado caliente.

Dejar enfriar y endurecer.

¡Retire el jabón del molde con cuidado y disfrute de su jabón!

JABÓN DE CARBÓN ACTIVADO

Un increíble brillo cosmético con un simple jabón de carbón activado.

En primer lugar, si usa carbón activado se encontrará con un excelente ingrediente desintoxicante para usar en productos de baño.

Nota

Al bañarse con jabón de carbón, la espuma tiene un color oscuro. No se preocupe, se enjuaga de inmediato y es excelente para eliminar toxinas y desodorizar.

Ingredientes

340 gramos de glicerina clara
1 cucharada de polvo de carbón activado
1/4 cucharadita de aceite esencial
Moldes de jabón de tapas planas lisas
Brillo cosmético.

Instrucciones:

Picar el jabón de glicerina en trozos más pequeños. Coloque en un recipiente apto para microondas y vierta el carbón activado.

Ponga en el microondas el jabón de glicerina hasta que se derrita (solo necesita poco más de un minuto en el microondas). Mezclar bien, hasta que todo el carbón activado esté completamente disuelto.Verter en moldes lentamente hasta casi en la parte superior de cada cavidad.

Deje que se enfríe completamente (puede colocarlos con cuidado en el refrigerador), luego saque de los moldes.

Utilice aceites esenciales de incienso medio y medio naranja en el jabón normal.

EXFOLIANTE DE JABÓN DE COCO

El coco es ideal para la piel seca, además de sus propiedades antibacterianas conocidas y exfoliantes.

Ingredientes:

Base de jabón blanco de cristal.
Hojuelas de coco.
Miel
Aceite de fragancia de coco.
Esponja de lufa.

PASO 1

Determine la cantidad de jabón que necesita. Para hacer esto, verter agua en un molde de jabón con un vaso medidor de pyrex, para poder ver cuánto contenía el molde.

PASO 2

Corte la base de jabón que necesita en cubos pequeños, fundiéndolos en el microondas en intervalos de quince a treinta segundos. Como siempre, asegúrese de revolver entre intervalos y tenga cuidado para evitar el sobrecalentamiento de la base, ya que hacerlo puede hacer que pierda humedad y se comporte mal.

PASO 3

Agregue el aceite de fragancia y revuélvalo antes de colocar las piezas de esponja para que puedan absorber la base de jabón. Esto le ayuda a obtener una barra de acabado suave.

PASO 4

Coloque las esponjas en el molde.

PASO 5

Agregue los copos de coco a la base de jabón y revuelva bien antes de verter esta mezcla en el molde.

Cuando las barras de jabón se hayan enfriado por completo, puede sacarlas de su molde. Si tiene problemas, intente meter el molde en el congelador durante unos minutos. El frío hace que el jabón se aleje del borde del molde, aunque solo sea lo suficiente para que un gran empujón final haga el truco.

JABÓN DE COCINA CON LIMÓN, JENGIBRE Y CAFÉ

Añadir 1 cucharada de café seco, finamente molido en la traza.

Perfume con 15 ml de limón y 5 ml de aceites esenciales de jengibre.

Color con cúrcuma.

Para obtener el aspecto de dos tonos en este jabón, llene la mitad de la caja de leche con un color y remate con otro. Esto hace que cada una de las barras sea única.

JABÓN DE DUCHA ENERGIZANTE DE ROMERO Y MENTA

Perfume con 10 ml de romero y 10 ml de aceites esenciales de menta verde.
Color con salvia en polvo.
Agregue suavemente polvo de espirulina para hacer un remolino verde más oscuro.
Agregue 1/4 cucharadita de hojas de té de menta secas finamente picadas.
Para obtener el aspecto de dos tonos en este jabón, llene la mitad de la caja de leche con un color y remate con otro. Esto hace que cada una de las barras sea única.

JABÓN DE CANELA Y VAINILLA DE NARANJA

Añadir 1 cucharada de café seco, finamente molido.
Perfume con 7 ml de naranja, 7 ml de canela y 7 ml de aceites esenciales de vainilla.
Dele color con canela.

Revuelva suavemente el cacao en polvo para hacer un color chocolate. Top con azafrán seco.

RECETA DE JABÓN DE ACEITE DE GIRASOL

Si está buscando particularmente hacer un jabón humectante, no busque más. Estos pequeños y alegres jabones de girasol están hechos con aceite de girasol y coloreados naturalmente con polvo de cáscara de limón.

Perfume con una mezcla brillante de aceites esenciales en su mayoría cítricos, pero siéntase libre de usar otros aromas en su lugar, o déjelos completamente sin perfume.

Es eficaz como anti-envejecimiento y protección solar, y para un jabón humectante.

Preparación:

Prepare un té de pétalos de girasol para usar en lugar del agua destilada.

Llene un frasco resistente al calor con alrededor de 1/2 a 3/4 de taza de pétalos de girasol frescos o secos. Cubra con 1 taza de agua caliente a fuego lento. Empapar hasta que el agua se vuelva de color amarillo. Cuele y deje enfriar completamente antes de usar en su receta. (Si no tiene suficiente té para la receta, solo agregue más agua destilada en su lugar, hasta que alcance la cantidad que necesita).

BARRAS DE JABÓN DE LECHE DE CABRA

Probablemente has escuchado que la leche de cabra es uno de los secretos de belleza de Cleopatra.

Ingredientes:

Aceite de coco – 500 ml
Aceite de oliva - 500 ml
Aceite de salvado de arroz – 140 ml
Aceite de aguacate – 140 ml
Aceite de ricino – 120 ml
Manteca de karité – 140 ml
Aceite de almendras dulces – 140 ml
Leche de cabra congelada – 500 ml

Picar la leche de cabra congelada en trozos pequeños y pesar la cantidad requerida. Coloque en un recipiente lo suficientemente grande como para contener la leche de cabra y la mezcla de lejía.
Coloque unos cubitos de hielo y agua en un recipiente lo suficientemente grande como para colocar el recipiente de lejía sobre el 'baño de agua con hielo'.
Vierta una pequeña cantidad de agua sobre la leche congelada para disolver la lejía (una onza de agua servirá). Espolvoree la lejía sobre la leche y comenzar a mezclar.
Derretir los aceites duros.

JABÓN DE TÉ

Corte la base de jabón en cubos de 3 cm. y colóquelos en el recipiente grande. Derrita el jabón en el microon-

das con un 50% de potencia durante 30 segundos a la vez, revolviendo después de cada intervalo.
Cuando el jabón esté completamente derretido y no tenga grumos, agregue los aceites esenciales. Revuelva hasta que esté completamente incorporado. Agregue una bolsita de té verde, y revuelva nuevamente hasta que esté distribuida uniformemente.

Vierta el jabón en el molde, usando la espátula de goma para asegurarse de sacar todo el jabón del recipiente.
Inmediatamente, espolvoree el resto del té verde uniformemente sobre la parte superior del jabón.
Deje que el jabón se asiente hasta que se enfríe completamente. Espere toda la noche antes de desmoldar.
Cuando el jabón esté completamente frío y listo, sáquelo del molde.
Coloque suavemente el jabón al revés en la tabla de cortar. Use el cuchillo para marcar ligeramente el pan en 8 barras iguales. Cuando se haya asegurado de que las marcas estén espaciadas uniformemente, corte el

pan en 8 barras iguales de jabón.
Envuelva cualquier barra de jabón que no vaya a usar inmediatamente, en una envoltura de plástico.

Ojo:
La limpieza debe ser con mucha agua caliente.
No haga el jabón en una habitación fría.

JABÓN DE LECHE Y MIEL

Esta receta de 10 minutos para derretir y verter, aporta las propiedades antienvejecimiento, para combatir el acné, clarificante e hidratante que proporciona la miel orgánica cruda, con los beneficios calmantes para la piel de la leche vegetal de avena, sin necesidad de lejía.

Hay que usar aproximadamente 450 gramos (o la mitad del bloque) de la base de jabón, a la vez que se hace cuatro jabones grandes de 100 gramos. El bloque de la base de jabón de leche vegetal o de cabra es suave y se corta fácilmente con un cuchillo de cocina. Se corta la base de jabón en cubos, se coloca dentro de una taza de Pyrex y se funde en el microondas en incrementos de 20 a 30 segundos, revolviendo bien después de cada sesión de microondas, para asegurarse de que el jabón esté completamente derretido. Para medio kilo de jabón, generalmente se cocina en el microondas durante 30 segundos, se remueve, se cocina en el microondas durante otros 30 segundos, se remueve nuevamente, y en el microondas una última vez durante 20 segundos.

Cuando el jabón esté completamente derretido, se agregan 3 cucharadas de miel y unas gotas de colorante de jabón amarillo. También se agrega una gota de colorante rojo (beta caroteno, o naranja) para darle al jabón un tono más dorado. Vierta el jabón derretido en el molde panal y deje reposar hasta que se enfríe. El proceso de enfriamiento puede llevar de 30 minutos a 2 horas, dependiendo de los niveles de temperatura y humedad.

Cuando el jabón esté frío y firme, se retira con cuidado del molde de silicona.

JABÓN DE FIELTRO

Además de hacer pastillas de jabón personalizadas y hechas a mano, los jabones de fieltro tienen algunos otros beneficios adicionales, como ayudar a que el jabón dure más tiempo, o a limpiar mejor la piel, ya que elimina más células muertas. También es de secado rápido, hipoalergénico, antimicótico y antimicrobiano. Nuestras instrucciones paso a paso le muestran lo fácil que es fabricar jabón de fieltro.

Materiales necesarios para hacer jabón de fieltro:

Pastilla de jabón del tipo que quiera.

Lana

Tazón de agua caliente.

PASO 1

Estire la lana
Saque dos piezas largas y anchas de lana y colóquelas en forma de equis.

PASO 2

Ponga el jabón encima de la lana.

PASO 3

Envuelva la lana alrededor del jabón.

PASO 4

Sumerja el jabón cubierto de lana en su recipiente con agua caliente y frote la lana.

JABÓN DE PALETA

Si está buscando un arte divertido que pueda compartir con sus hijos, intente esta sencilla y colorida idea de jabón hecho en casa.

Ingredientes:

Jabón de glicerina transparente.

Colorante de jabón de elección (intente un color dulce para lograr un buen efecto)

Procedimiento:

Ralle la barra de jabón de glicerina y coloque el jabón rallado en una olla de jabón o en un bol de pyrex apto para microondas.

Si está en una olla, colóquela sobre la estufa y derrita el jabón. Si usa un recipiente de pyrex apto para microondas, coloque la glicerina en el microondas unas cuantas

veces en diez segundos de calor, hasta que la glicerina esté completamente derretida.
Una vez que se haya derretido la glicerina, agregue el colorante y mezcle hasta obtener el color deseado.
Deje que se enfríe un poco y luego vierta en sus moldes de paletas.
Encuentre una manera de mantener los moldes de paletas en posición vertical. Observar cómo el jabón se endurece. Cuando es un poco difícil (puede verlo solidificarse), empuje con una paleta.
Cuando el jabón esté completamente duro, puede sacarlo de los moldes y tendrá jaboncillos.

JABÓN DE AVENA

Disfrute de las beneficiosas propiedades antioxidantes de la avena en la piel con este jabón. Lo que es aún mejor es la parte sin lejía que lo hace un jabón fácil de hacer.

Suministros necesarios:

Jabón de leche de avena.
1/2 taza de avena no instantánea y preferiblemente orgánica (ejecutada en un procesador de alimentos para obtener granos más finos).
5-6 cucharaditas de aceite de fragancia.
Molde de jabón rectangular.
Botella de spray pequeño con alcohol para frotar.
Cuchara de plástico o madera para mezclar (dedicada a la fabricación de jabones).
Doble caldera.

Procedimiento:

Prepare la doble caldera.
(No use un tazón o sartén que usará para la comida, este debe ser un jabón exclusivo).
Coloque sus moldes en una bandeja para hornear galletas (cubra para proteger contra derrames).
Cortar la base de jabón en trozos.
Lentamente, derrita los trozos en su caldera doble, evite quemar su base.
Retire del fuego y mezcle rápidamente el aceite de avena y fragancia en la base derretida.
Verter en moldes, casi hasta la parte superior.
Rocíe generosamente con alcohol para evitar las burbujas de aire.
Permita que las barras se endurezcan durante unas horas.

Índice

Otros títulos de
Editorial Dilema

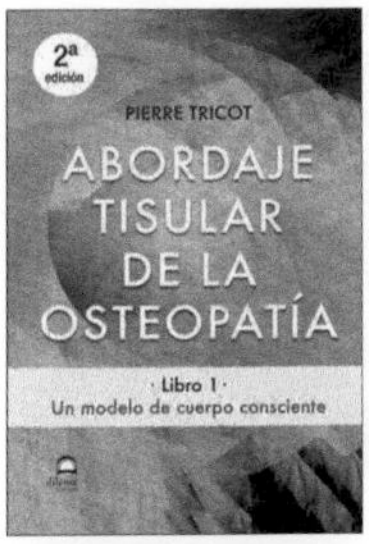

ABORDAJE TISULAR DE LA OSTEOPATÍA. TOMO 1. 2ª EDICIÓN

PIERRE TRICOT

Concebir el sistema corporal como consciente obliga al osteópata a modificar por completo su manera de abordarlo: de objeto sobre el que actuar, pasa a ser sujeto con el que comunicar.

9788498273892
170 x 240 mm- 642 páginas
Cartoné

55€

AZE SHIATSU
Estiramientos y mov. en lateral

SHIGERU ONODA

En este DVD se describen estiramientos y movilizaciones que se aplican principalmente en la región cervical, en los miembros superiores y en la región escapular. En la práctica, se complementan con el Shiatsu con el fin de tratar la hipomovilidad articular.

9788498273595
105 x 180 mm- 99 páginas
DVD + Libro

15€

AZE SHIATSU
Tratamiento básico

SHIGERU ONODA

El Shiatsu, a través de las manos del terapeuta profesional, accede a los desequilibrios estructurales y permite que el cuerpo active sus propios mecanismos de auto curación, los cuales porta desde su nacimiento.

9788498272475
115 x 190 mm- 74 páginas
DVD + Libro

15€

AZE SHIATSU
Tratam. en decúbito lateral

SHIGERU ONODA

Un DVD que ofrece al usuario un punto de vista nada habitual de la Terapia Shiatsu, que resulta especialmente adecuado para tratamientos avanzados y para aquellos que deseen iniciarse en Shiatsu comenzando en decúbito lateral.

9788498273601
115 x 190 mm- 74 páginas
DVD + Libro

15€

AZE SHIATSU
Tratamiento básico. 2ª ed. ampliada y revisada

SHIGERU ONODA

El Shiatsu, a través de las manos del terapeuta profesional, accede a los desequilibrios estructurales y permite que el cuerpo active sus propios mecanismos de auto curación, los cuales porta desde su nacimiento.

9788498272468
160 x 230 mm
366 páginas

27,5€

AZE SHIATSU
Tratam. en decúbito lateral. Tomo 2

SHIGERU ONODA

En este libro desarrollamos el trabajo en decúbito lateral, ya que ofrece otras ventajas técnicas además de cubrir muchos puntos importantes en el trabajo básico del estilo AZE Shiatsu; tratado en la primera parte de este libro.

9788498272536
160 x 230 mm
320 páginas

25€

CUADERNOS DE OSTEOPATÍA. VOL. 1

FRANCISCO FAJARDO RUIZ

Exposición monográfica de las siguientes materias osteopáticas:

- Historia de la osteopatía
- Las cadenas miofasciales

9788498270051
160 x 230 mm
126 páginas

9,5€

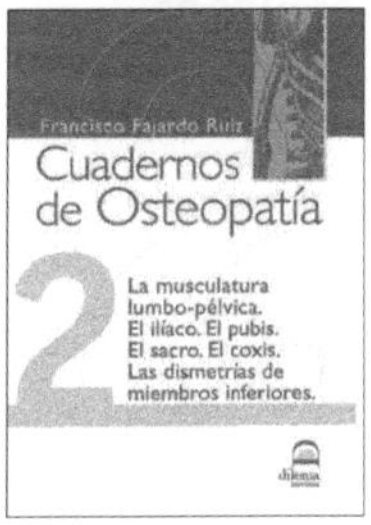

CUADERNOS DE OSTEOPATÍA. VOL. 2

FRANCISCO FAJARDO RUIZ

Exposición monográfica de las siguientes materias osteopáticas:

- La musculatura lumbo-pélvica
- El ilíaco
- El púbis
- El sacro
- El coxis
- Las dismetrías de miembros inferiores

17€

9788498270174
160 x 230 mm- 210 páginas

CUADERNOS DE OSTEOPATÍA. VOL. 3

FRANCISCO FAJARDO RUIZ

Exposición monográfica de la materia osteopática:

- La columna lumbar
  Patología degenerativa
  Patología mecánica

19,5€

9788498270389
160 x 230 mm- 252 páginas

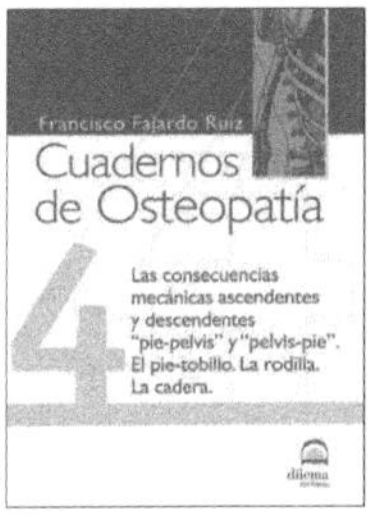

CUADERNOS DE OSTEOPATÍA. VOL. 4

FRANCISCO FAJARDO RUIZ

Exposición monográfica de las siguientes materias osteopáticas:

- Las consecuencias mecánicas ascencendentes y descendentes "Pie-pelvis" y "pelvis-pie"
- El pie-tobillo
- La rodilla
- La cadera

19,5€

9788498270440
160 x 230 mm- 204 páginas

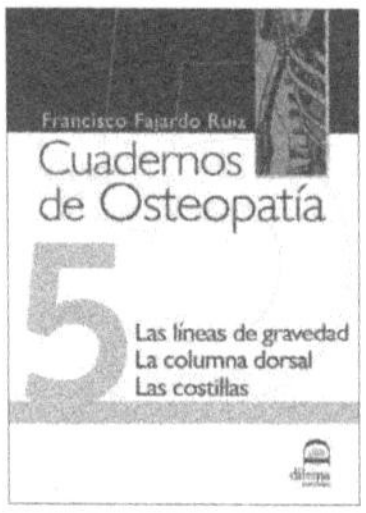

CUADERNOS DE OSTEOPATÍA. VOL. 5

FRANCISCO FAJARDO RUIZ

Exposición monográfica de las siguientes materias osteopáticas:

- Las líneas de gravedad
- La columna dorsal
- Las costillas

9788498270457
160 x 230 mm- 224 páginas

18€

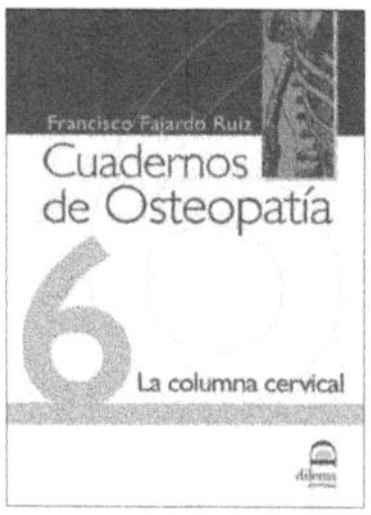

CUADERNOS DE OSTEOPATÍA. VOL. 6

FRANCISCO FAJARDO RUIZ

Exposición monográfica de la materia osteopática:

- La columna cervical

9788498270792
160 x 230 mm
272 páginas

19,5€

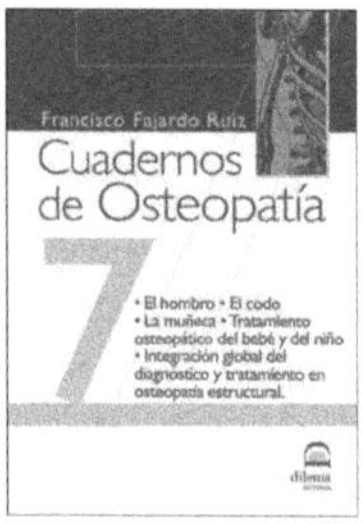

CUADERNOS DE OSTEOPATÍA. VOL. 7

FRANCISCO FAJARDO RUIZ

Exposición monográfica de las siguientes materias osteopáticas:

- El hombro. El codo. La muñeca
- Tratamiento osteopático del bebé y del niño
- Integración global del diagnóstico y tratamiento en osteopatía estructural

9788498270945
160 x 230 mm
348 páginas

25€

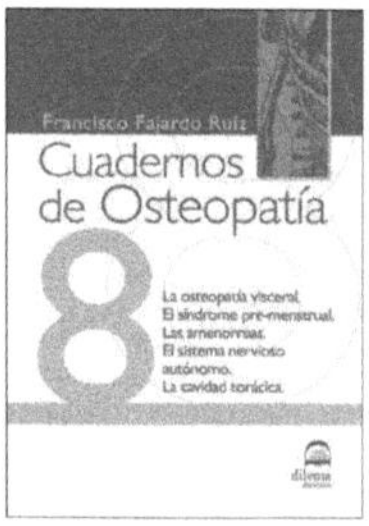

CUADERNOS DE OSTEOPATÍA. VOL. 8

FRANCISCO FAJARDO RUIZ

Exposición monográfica de las siguientes materias osteopáticas:

- La osteopatía visceral
- El síndrome pre-menstrual
- Las amenorreas
- El sistema nervioso autónomo
- La cavidad torácica

9788498271171
160 x 230 mm
248 páginas

19,5€

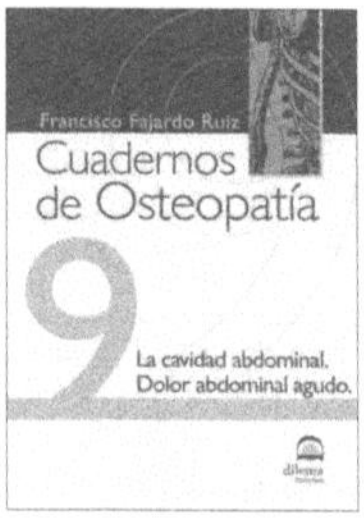

CUADERNOS DE OSTEOPATÍA. VOL. 9

FRANCISCO FAJARDO RUIZ

Exposición monográfica de las siguientes materias osteopáticas:

- Dolor abdominal agudo
- La cavidad abdominal

9788498271348
160 x 230 mm
504 páginas

30€

CUADERNOS DE OSTEOPATÍA. VOL. 10

FRANCISCO FAJARDO RUIZ

Exposición monográfica de las siguientes materias osteopáticas:

- La osteopatía craneal
- Tratamiento de las membranas
- Lesiones de la sincondrosis esfeno-basilar
- Relaciones patológicas entre el sacro y la seb

9788498271515
160 x 230 mm
390 páginas

25€

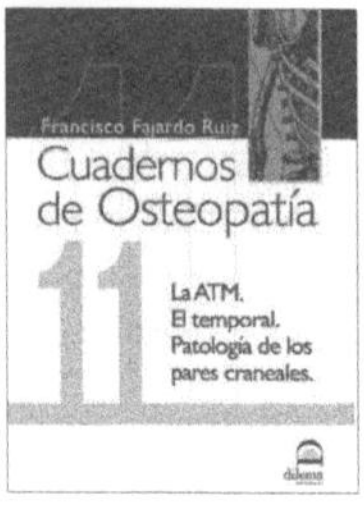

CUADERNOS DE OSTEOPATÍA. VOL. 11

FRANCISCO FAJARDO RUIZ

Exposición monográfica de las siguientes materias osteopáticas:

- La ATM
- El temporal
- Patología de los pares craneales

9788498272307
160 x 230 mm
680 páginas

35€

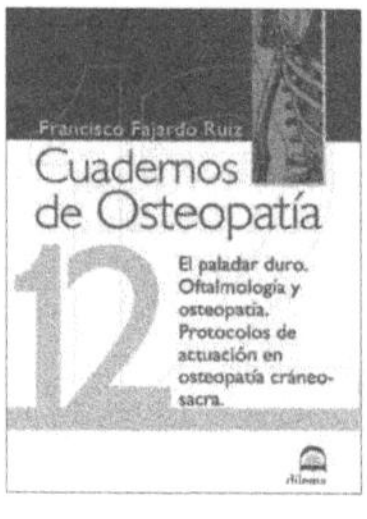

CUADERNOS DE OSTEOPATÍA. VOL. 12

FRANCISCO FAJARDO RUIZ

Exposición monográfica de las siguientes materias osteopáticas:

- El paladar duro
- Oftalmología y osteopatía
- Protocolos de actualicónen osteopatía cráneo-sacra

9788498272444
160 x 230 mm
416 páginas

25€

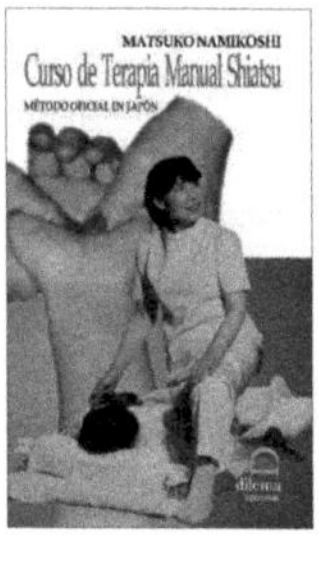

CURSO DE TERAPIA MANUAL SHIATSU

MATSUKO NAMIKOSHI

Uso correcto del pulgar y dedos.
Shiatsu para un paciente tumbado en decúbito prono.
Ajustes de la espalda.
Shiatsu para un paciente tumbado en decúbito supino (piernas, brazos, cuerpo y cara, pecho y abdomen).

9788498279359
136 x 204 mm- 105 páginas
DVD + Libro

21€

EL ALMA DEL SOTAI

Fundamentos básicos

SHIGERU ONODA

El Alma del Sotai recoge la historia, así como la teoría y práctica básicas del Sotai Ho, que toda persona que se inicie en esta terapia debe conocer.

9788498271249
160 x 230 mm
160 páginas

12,5€

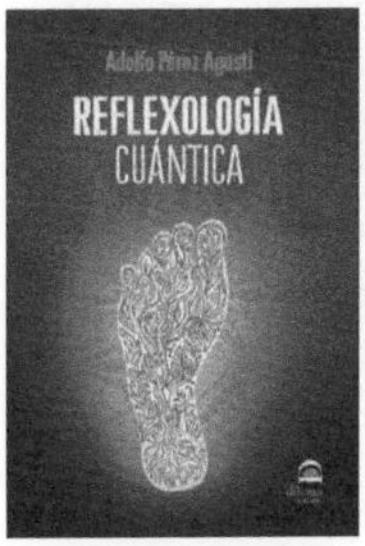

REFLEXOLOGÍA CUÁNTICA

ADOLFO PÉREZ AGUSTÍ

Esta reflexología se desvincula del concepto de "zonas reflejas", para explicar el nuevo significado de "zonas interde pendientes", teniendo en cuenta la conexión entre todos los elementos y células que componen el cuerpo humano.

9788498273373
136 x 204 mm
166 páginas

10€

SHIATSU EN SILLA

SHIGERU ONODA

Con este tratamiento estilo Aze Shiatsu presente en este DVD, podremos adaptar nuestro recorrido según las circunstancias y necesidades del paciente. Entre los ejercicios propuestos se incluyen, además de las presiones, movilizaciones y estiramientos que complementan nuestra terapia Shiatsu.

9788498273779
135 x 180 mm- 108 páginas
DVD + Libro

15€

EL PODER DEL LENGUAJE

JOSÉ LUIS GODOY

Las terapias naturales han potenciado la eficacia de sus tratamientos gracias a la inclusión de los protocolos que recoge Antiterapia mejorando la comunicación directa entre lo que indica el cuerpo y lo que el terapeuta sabe de su lenguaje.

9788498272291
160 x 230 mm
180 páginas

15€

GEOPATÍAS Y CICATRICES

JOSÉ LUIS GODOY

Un libro para una toma de conciencia de las capacidades del cuerpo, su forma de adaptarse y la salud entendida como la comunicación con la vida recuperando lenguajes perdidos como la percepción. Un libro que nos recupera una comunicación perdida con nosotros mismos, con nuestro cuerpo.

9788498272499
160 x 230 mm
367 páginas

19,5€

INTRODUCCIÓN A LA PRÁCTICA DEL SHIATSU

SHIGERU ONODA

Con este libro el autor pone a disposición del público una herramienta de fácil lectura y asimilación, con numerosas ilustraciones y que pretende ser la guía para que cada cual pueda cuidar los aspectos básicos de su salud, manteniéndola en estado óptimo sin apenas esfuerzo.

9788498279229
170 x 240 mm
350 páginas

5€

INTRODUCCIÓN A LA TERAPIA SACROCRANEAL

DON CHEN

El sistema sacrocraneal es el lugar en el que residen, independiente y comunitaria mente a la vez, cuerpo, mente y espíritu. Esto significa que el terapeuta, o el facilitador terapéutico, puede utilizar bien el cuerpo, la mente o el espíritu individualmente.

9788498279489
155 x 235 mm
116 páginas

12,75€

KINESIOLOGÍA

Tu cuerpo responde

JOSÉ LUIS GODOY

Un libro para iniciarse a comprender el cuerpo, cómo recibe los estímulos y cómo muestra su respuesta ante ellos. Esta forma de comunicación nos sirve para conocernos, para saber de las respuestas que tenemos ante estímulos que consideramos normales mientras nuestro cuerpo los reconoce como tóxicos.

9788498272482
160 x 230 mm- 343 páginas

19,5€

LA OSTEOPATÍA AL SERVICIO DE LAS EMOCIONES. 2ª EDICIÓN

FRANCISCO FAJARDO RUIZ

No hay emociones positivas, ni negativas, ni buenas ni malas; hay emociones agradables o desagradables. Un enfermo emocional es el que se estanca en la misma emoción. Lo sano es poder pasar de una emoción a otra cada día, en los momentos y situaciones que correspondan.

9788498274059
160 x 230 mm- 530 páginas

25€

LA OSTEOPATÍA FASCIAL

FRANCISCO FAJARDO RUIZ

Este libro ofrece la valoración y tratamiento osteopático de toda la economía corporal, a nivel fascial. Las fascias sostienen y estabilizan las estructuras, ayudan a producir y controlar los movimientos de partes relacionadas, coordinan el sistema músculo-esquelético, facilitan la circulación de los fluidos y permiten la transmisión nerviosa, entr[illegible]as muchas cosas.

50€

9788498272611- Cartoné
160 x 230 mm- 496 páginas

LA OSTEOPATÍA FUNCIONAL 2ª ED.

FRANCISCO FAJARDO RUIZ

El objetivo global de la técnica funcional consiste en evitar la confrontación con cualquier tipo de barrera y mantenerse dentro de la amplitud del movimiento existente, permitiendo que los reflejos intrínsecos efectúen el cambio.

9788498274660
160 x 230 mm
412 páginas- Cartoné

45€

LA OSTEOPATÍA SOMATO-EMOCIONAL

Francisco Fajardo Ruiz

Vamos a centrarnos en lo más profundo de nuestro ser, explorando los recuerdos y vivencias presentes y pasadas que dejaron una huella en nuestros tejidos y que se pueden manifiestar así: trastornos hormonales, bajada de la libido, dolores musculares, migrañas, alteraciones respiratorias, alteraciones gastrointestinales...

9788498272703- Cartoné
160 x 230 mm- 460 páginas

50€

SOTAI HO

Hirosi Miura

El Sotai Ho es un método curativo japonés que pretende alcanzar un estado óptimo de salud física y mental, haciendo recuperar la fluidez del movimiento corporal y el correcto alineamiento del cuerpo. Busca la postura más cómoda y agradable para el paciente, combinada con la relajación total de la mente y del cuerpo.

9788498272338
115 x 190 mm- 348 páginas
Libro + DVD

15€

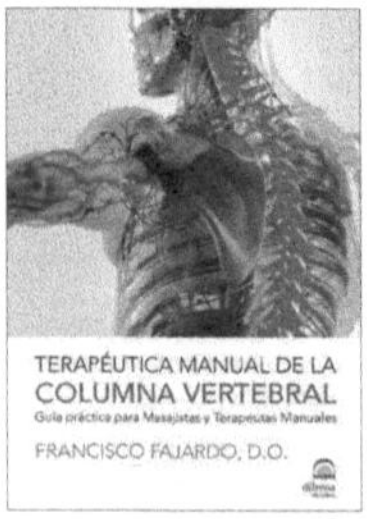

TERAPÉUTICA MANUAL DE LA COLUMNA VERTEBRAL

Francisco Fajardo Ruiz

En este libro exponemos de manera sistemática los diferentes tejidos responsables de las alteraciones de la columna vertebral, realizando una exhaustiva exposición anatomopatológica de cada uno de ellos.

9788498274134
155 x 230 mm
552 páginas

30€

EL MASAJE DEPORTIVO Y PROFESIONAL

Francisco Fajardo Ruiz

Técnicas de masaje:

- Masaje pre-competición (Calentamiento): Espalda y piernas
- Masaje post competición (descarga): Espalda, piernas y pantorrillas.

Tratamientos: Contracturas, distensión muscular, Esguinces, tendinitis, pubalgias, periostitis tibial y fascitis plantar.

9788498272000- DVD

18,78 €

MASAJE TRANSVERSO PROFUNDO DE CYRIAX

Francisco Fajardo Ruiz

Tratamiento:

- Pie y tobillo
- Rodilla
- Hombro
- Codo
- Muñeca
- Columna

18,78 €

9788498272024- DVD

MASAJE TRADICIONAL TAILANDÉS

Paula Bande

En esta técnica encontramos lo mejor de la medicina tradicional de oriente; la medicina china y ayurvédica, el yoga y el tai chi, la meditación y la relajación profunda. Aún reflejando varias técnicas, sigue siendo un antiquísimo arte tradicional popular de origen monástico y budista.

9788498273915
160 x 230 mm
120 páginas

10€

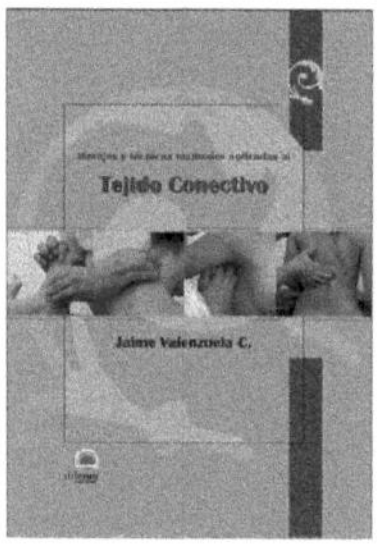

TEJIDO CONECTIVO

Jaime Valenzuela C.

Este libro presenta de forma pedagógica el desarrollo técnico de las manualidades sobre el tejido conectivo, así como los diferentes test y las respuestas del sistema nervioso autónomo polisináptico.

9788498279090
160 x 230 mm
112 páginas

12,5€

TERAPIAS DE REEDUCACIÓN FÍSICA Y POSTURAL

Andrés Fernández Roseñada

Este libro es fruto de la experiencia en el estudio y la aplicación de diversas técnincas como la osteopatía, la reeducación postural global, la biomecánica, el masaje y otras terapias globales.

9788498271157
160 x 230 mm- 320 páginas

21€

EL MASAJE TERAPÉUTICO PROFESIONAL

Francisco Fajardo Ruiz

Tratamiento:

- Lumbago
- Ciática
- Dorsalgia
- Cervicalgias
- Transtornos Circulatorios
- Trabajo De Cra y Cep
- Anginas

18,78 €

9788498272017- DVD

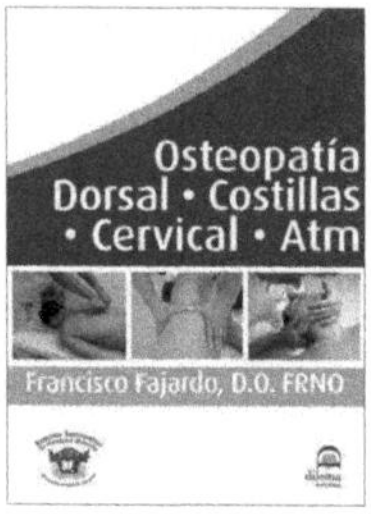

OSTEOPATÍA DORSAL-COSTILLAS- CERVICAL-ATM

Francisco Fajardo Ruiz

Tratamiento:

- Columna dorsal
- Las costillas
- Columna cervical
- ATM

18,78 €

9788498272031- DVD

OSTEOPATÍA LUMBAR Y PELVIS

Francisco Fajardo Ruiz

Tratamiento:
- Recuerdo anatómico ilíacos
- Sacro
- Lumbar

9788498272078- DVD

18,78€

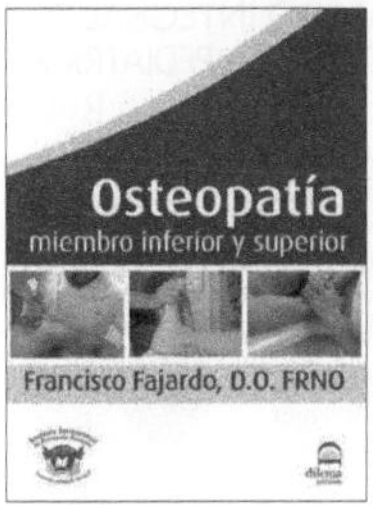

OSTEOPATÍA. MIEMBRO INFERIOR Y SUPERIOR

Francisco Fajardo Ruiz

Tratamiento:
- Pie y tobillo
- Rodilla
- Cadera
- Hombro
- Codo
- Muñeca

18,78€

9788498272055- DVD

TERAPÉUTICA MANUAL DE LA COLUMNA VERTEBRAL

Francisco Fajardo Ruiz

Diagnóstico y tratamiento para:
- Columna lumbar
- Columna dorsal
- Columna cervical

9788498272024- DVD

18,78€

TRATADO DE OSTEOPATÍA. VOL. 1 (DVD + LIBRO)

Pelvis, columna lumbar y miembros inferiores

Francisco Fajardo Ruiz

Tratamiento:
- Posturología
- La pelvis
- La columna lumbar
- El pie-tobillo
- La rodilla
- La cadera

30€

9788498273342- DVD + Libro

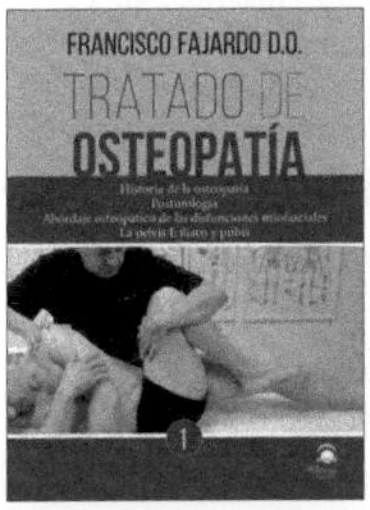

TRATADO DE OSTEOPATÍA. VOL. 1

Francisco Fajardo Ruiz

En este libro abordamos la historia de la osteopatía, la posturología según el concepto osteopático, el abordaje osteopático de las disfunciones miofasciales y el concepto osteopático de la pelvis I (ilíaco y pubis).

9788498273304
170 x 240 mm
760 páginas
Cartoné

65€

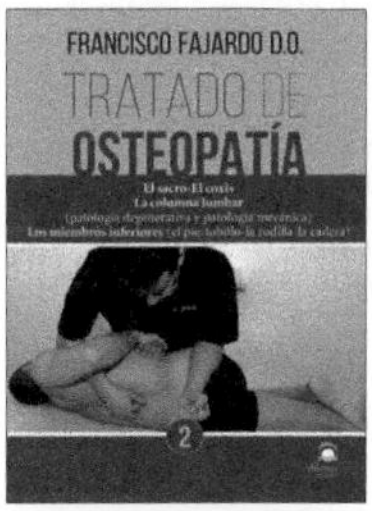

TRATADO DE OSTEOPATÍA. VOL. 2

Francisco Fajardo Ruiz

En este libro abordamos el sacro, el coxis, la columna lumbar (patología degenerativa y patología mecánica) y los miembros inferiores (el pie-tobillo-la rodilla-la cadera).

9788498273458
170 x 240 mm
1014 páginas
Cartoné

75€

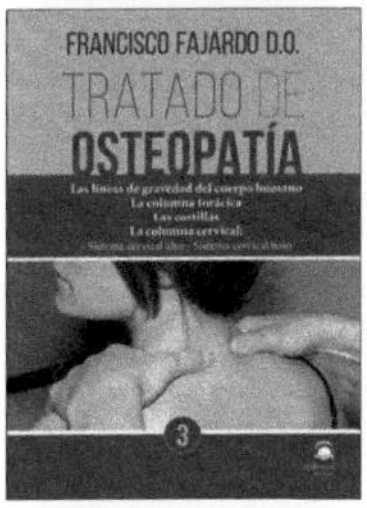

TRATADO DE OSTEOPATÍA. VOL. 3

Francisco Fajardo Ruiz

En este libro abordamos las líneas de gravedad del cuerpo humano, la columna torácica, las costillas y la columna cervical (SCA y SCB).

9788498273649
170 x 240 mm
854 páginas
Cartoné

70€

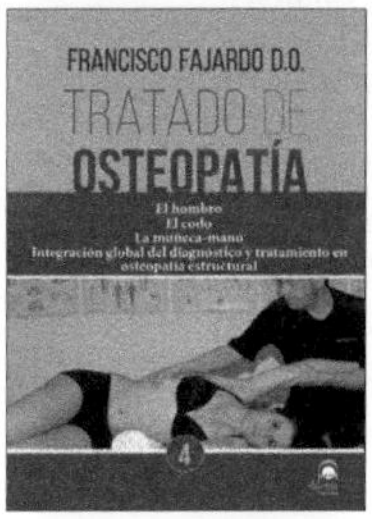

TRATADO DE OSTEOPATÍA. VOL. 4

Francisco Fajardo Ruiz

En este libro abordamos el hombro, el codo, la muñeca-mano e integración global del diagnóstico y tratamiento en osteopatía estructural.

9788498273663
170 x 240 mm
706 páginas
Cartoné

65€

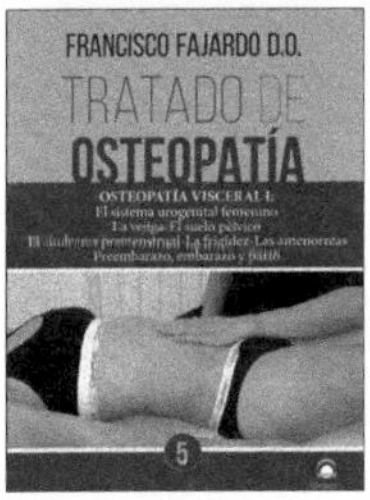

TRATADO DE OSTEOPATÍA. VOL. 5

Francisco Fajardo Ruiz

En este libro abordamos el sistema urogenital femenino (útero, trompas uterinas, ovarios, vejiga), el suelo pélvico, el síndrome pre menstrual, la frigidez, las amenorreas, preembarazo, embarazo y parto.

9788498273786
170 x 240 mm
580 páginas
Cartoné

60€

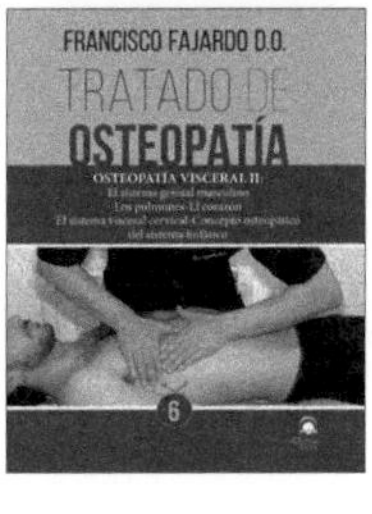

TRATADO DE OSTEOPATÍA. VOL. 6

Francisco Fajardo Ruiz

En este libro abordamos el sistema genital masculino (la próstata, la impotencia, la eyaculación precoz), los pulmones, el corazón, el sistema visceral y concepto osteopático del sistema linfático.

9788498274332
170 x 240 mm
816 páginas
Cartoné

65€

TRATADO INTEGRAL DE OSTEOPATÍA PEDIÁTRICA

Francisco Fajardo Ruiz

Esta obra científica, rigurosamente documentada, asocia una aproximación teórica y práctica de la osteopatía estructural, visceral y sacro-craneal del recién nacido, niño y adolescente.

9788498271812
200 x 180 mm
650 páginas
60€

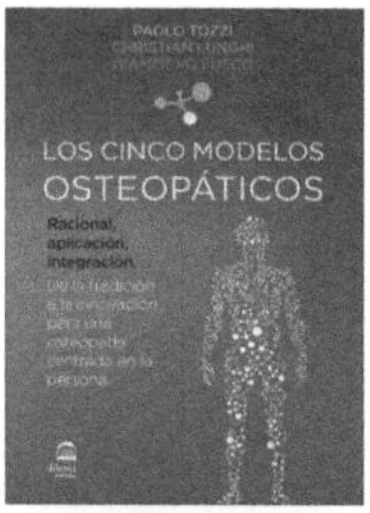

LOS CINCO MODELOS OSTEOPÁTICOS

Paolo Tozzi, Christian Lunghi, Giampiero Fusco

Este libro está planteado como un manual para aquellos estudiantes y profesionales osteópatas interesados en explorar en profundidad los cinco modelos osteopáticos y sus principios, objetivos, orígenes y aplicaciones.

9788498274066
170 x 240 mm- 778 páginas
70€

EL MASAJE TERAPÉUTICO Y DEPORTIVO

Francisco Fajardo Ruiz

En este libro científico sobre el masaje, se exponen de manera clara y profesional diferentes abordajes terapéuticos y protocolos de actuación en las patologías más comunes a las que se enfrenta a diario el masajista profesional.

9788498274226
155 x 230 mm
456 páginas
DVD + Libro
32€

OSTEOPATÍA PSICOBIOLÓGICA

Francisco Fajardo Ruiz

La Osteopatía Psicobiológica, C.S.T., aborda la biología de las emociones, la neurología cognitiva, la gestión psicológica del paciente ante sus dolores, enfermedades, pensamientos y creencias.. Un planteamiento terapéutico integrado en la globalidad de nuestro trabajo como osteópatas.

9788498274509
155 x 230 mm
630 páginas
30€

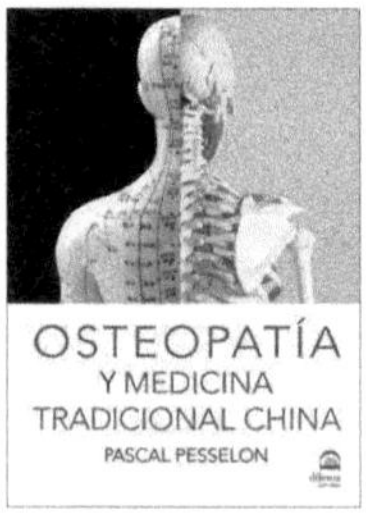

OSTEOPATÍA Y MEDICINA TRADICIONAL CHINA

Pascal Pesselon

El autor nos propone una síntesis terapéutica unida a una práctica cotidiana basándose en los grandes principios de la osteopatía y en las numerosas correspondencias encontradas con enseñanzas establecidas por civilizaciones milenarias de distintos orígenes.

9788498274448
160 x 230 mm
266 páginas
17,5€

ÁCIDO HIAURÓNICO

Masters Des. Int. Per.

Muchas personas pasan innumerables horas usando productos de belleza dañinos, caros e inútiles, para mantener su piel. Pero hay una mejor manera: el ácido hialurónico puede mantener la piel radiante y también beneficia las articulaciones, todo ello sin los efectos secundarios nocivos de otros productos tóxicos para la piel.

9788498274271
136 x 204 mm
118 páginas
7€

L-ARGININA

Masters Des. Int. Per.

La naturaleza nos puede proporcionar más remedios eficaces que cualquiera de los productos químicos que se venden por millones en todo el mundo. Y este es el caso de los aminoácidos, especialmente la arginina, extraordinario en sus efectos y utilidades.

9788498274288
136 x 204 mm
116 páginas
7€

L- CARNITINA

Masters Des. Int. Per.

La carnitina es utilizada principalmente para ayudar a transportar ácidos grasos con el fin de proporcionar energía y evitar la acumulación de grasa en el corazón, el hígado y los músculos esqueléticos. También puede reducir el daño cardíaco, los niveles de triglicéridos en sangre, ayudar a perder peso y aumentar los efectos antioxidantes de la vitamina E y C..

9788498274615
136 x 204 mm
124 páginas
7€

ESENCIAS FLORALES, Signaturas y práctica

Maite Hernández

Este libro no es sólo un manual de terapia floral que habla de los elixires creados por el Dr. Bach. Expresa el cuerpo y el alma de las flores a través de las signaturas, la forma física de cada flor en relación con sus propiedades curativas.

9788498271935
160 x 230 mm
286 páginas
17€

FÓRMULAS FLORALES

Humberto Iturralde Selman

Basándose en la Terapia Floral desarrollada por Edward Bach, el Dr. Iturralde Selman nos presenta en este libro una serie de fórmulas y tratamientos para gozar no sólo de una buena salud, sino también de una experiencia vital más plena.

9788498271065
160 x 230 mm
114 páginas
10€

CURACIÓN CON ALGAS

ADOLFO PÉREZ AGUSTÍ

En este libro se analizan aquellos completos de la dieta procedentes del mar que constituyen una reserva nutritiva y terapéutica sumamente importante. Incorporados a nuestra alimentación en sustitución de la carne, a la que superan en nutrientes y propiedades saludables, algunos de sus productos se pueden adquirir en forma de pastillas, jarabes, sales, y deshidratados.

9788498273960
150 x 220 mm- 104 páginas
8€

BULIMIA

AURELIA ALBERTI

En cada página de este libro queda plasmada la lucha cuerpo a cuerpo con la enfermedad. Este libro tiene como fin tender una mano a aquellas personas desesperanzadas y echar luz a esta problemática proponiendo alternativas de salud no convencionales.

9788498271041
136 x 204 mm
136 páginas
10€

COCINA SIN SAL

AIDA NEWBURY

Con las recomendaciones de este libro, el lector conseguirá dos cosas: disminuir la cantidad de sal en sus alimentos, y mejorar incluso su sabor. Desde ahora, dispondrá de una gran cantidad de recetas de fácil elaboración, pero ya no las tendrá que comer insípidas y con un mediocre sabor que le haga detestar el momento de comer.

9788498272222
136 x 204 mm
134 páginas
8€

CUIDARTE PARA CURARTE

DR. KARMELO BIZKARRA

El doctor Bizkarra nos propone en este libro varias técnicas y consejos para mantenernos sanos sin llegar a la opción de consumir medicamentos ni llegar a tratamientos médicos.

9788498279755
136 x 204 mm
182 páginas
12,5€

CURACIÓN CON AYURVEDA

DR. T. L. DEVARAJ

Este libro está escrito con la idea de beneficiar los sistemas médicos complementarios, incluidas las medicinas modernas; pero también pretende enriquecer los múltiples aspectos del tratamiento ayurvédico, tratamiento que busca el bienestar mental y físico.

9788498272185
136 x 204 mm
132 páginas
8,5€

CURACIÓN CON ENZIMAS

DR. CARL RANSBERGUER

DR. SVEN NEU

Las enzimas son un agente activo de increíble diversidad que controla todos los procesos vitales; en opinión de numerosos especialistas, constituyen un vivero prometedor para el futuro desarrollo de nuevas sustancias curativas.

9788498279946
160 x 230 mm
200 páginas
14,5€

CURACIÓN CON LACTOBACILLUS ACIDOPHILUS

RAFAEL LABHAT

Porque una flora intestinal sana y equilibrada puede ser restituida con un buen equilibrio emocional, ayudada un complemento probiótico como el Lactobacillus acidophilus GS, que se describe en éste trabajo y que restablece la higiene intestinal y la salud.

9788498272437
136 x 204 mm
180 páginas
10€

DIETA POSTINFARTO

BART GILDEN

Este libro proporciona al lector interesado una corta pero precisa información sobre el corazón, el sistema circulatorio y las circunstancias que le llevan a deteriorarse, además de los adecuados alimentos para volverlo a dejar en buenas condiciones para el resto de la vida.

9788498272239
136 x 204 mm
140 páginas
8€

DIME QUÉ COMES

Y te diré de qué enfermarás

FRANCISCO FAJARDO RUIZ

El autor, ha recogido en esta obra sus conocimientos en materia de alimentación más una recopilación exhaustiva de autores de renombre en la materia, dotando a este libro de una temática apasionante, de un enfoque sorprendente y de una gran utilidad.

9788498270815
160 x 230 mm
332 páginas
20€

GUÍA DE SALUD VITAL

DR. KARMELO BIZKARRA

Esta guía de Salud Vital es una ayuda para afirmar los cuatro pilares básicos de la salud: desintoxicar y curar al cuerpo, armonizar las emociones, aquietar la mente y despertar la consciencia.

9788498272727
106 x 180 mm
104 páginas
5,5€

HISTORIA DE LA TERAPIA NATURAL

PEDRO QUIÑONES

Esta obra no es solo un inmenso trabajo de investigación en el que el autor aporta una amplia compilación bibliográfica de figuras de la Medicina Natural. Es también un intento de perfilar la filosofía de la Historia, el trasfondo filosófico con el que el terapeuta de cada época apoya su actuación.

9788498270181
150 x 230 mm
464 páginas
35€

LA COCINA BIODINÁMICA DE LOS CEREALES

SIMÓN SISTIAGA

Este recetario nos abre la puerta a una cocina vegetariana sana, dinámica, sabrosa, amena, sencilla y de fácil y rápida elaboración, con los productos y alimentos en su estado más natural, biodinámico y estacional posible.

9788498272857
160 x 230 mm
186 páginas
14€

LA SALUD EN LA CAZUELA

JORGE CASTELLOTE

Para todos aquellos que gustan de comer, bien y sabroso, es de agradecer un libro en que hidratos de carbono, proteínas y aminoácidos aparezcan recubiertos de salsa, aromas y texturas que los hagan más atractivos y agradables.

9788498271850
160 x 230 mm
206 páginas
15€

LOS COLORES Y LOS METALES QUE CURAN

DR. ALBERT LEPRINCE

Los colores y los metales que curan es, quizá, uno de los tratados más completos y didácticos que se han escrito nunca sobre esta temática, tanto por la profundidad del trabajo como por la claridad con que ordena y aborda los temas objeto de estudio.

9788498279076
136 x 204 mm
131 páginas
8€

TERAPIA FUNCIONAL CON OLIGOELEMENTOS

JOSEP COLONQUES

Esta obra ofrece una herramienta básica a terapeutas, estudiantes o lectores, así como una de las más interesantes herramientas de las que disponemos para equilibrar los Terrenos Humanos, la oligoterapia funcional.

9788498272918
160 x 230 mm
300 páginas
15€

TRATADO DE IRIDOLOGÍA

JESÚS VAZQUEZ

El presente trabajo es el resultado de 34 años de práctica en Iridología y en otras ciencias y terapias que se ven reflejadas en la presente obra, tales como Homeopatía, Dietética, Sales de Shussler, Flores de Bach, Reflexología podal, Respiración, Relajación, Genética y Física Cuántica.

9788498274296
160 x 230 mm
298 páginas
25€

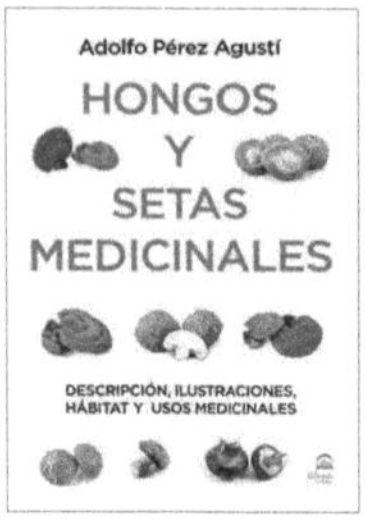

HONGOS Y SETAS MEDICINALES

ADOLFO PÉREZ AGUSTÍ

Este libro, de consulta sencilla, divulga lo que puede suponer uno de los mayores avances en el mundo de las terapias con remedios naturales: las propiedades de las setas y hongos medicinales, lo cual llevará al lector a conocer la inmensa farmacia que tenemos a nuestro alrededor.

9788498273847
150 x 220 mm
144 páginas
10€

PLANTAS MEDICINALES DE TODO EL MUNDO

ADOLFO PÉREZ AGUSTÍ

Este manual es una puesta al día de una labor de muchos años de documentación botánica, una revisión fundamentada en las experiencias más actuales, habiéndose eliminado cualquier referencia esotérica o no contrastada por la medicina moderna.

9788498273854
150 x 220 mm
530 páginas
16,9€

ESPECIAS CULINARIAS

ADOLFO PÉREZ AGUSTÍ

En occidente se las sigue considerando como elementos culinarios que otorgan un sabor especial a las comidas. Sin embargo, detrás de estas características organolépticas existe un mundo de propiedades terapéuticas que nos motivan a reconsiderar su aplicación, incluyéndolas sin reparo en nuestro botiquín natural.

9788498273939
150 x 220 mm
158 páginas
10€

SEMILLAS MEDICINALES

ADOLFO PÉREZ AGUSTÍ

Se trata de alimentos "vivos", dotados de ADN con la propiedad de emitir ondas electromagnéticas e interactuar a distancia. Esta similitud con nuestro propio ADN, permite que los organismos humanos las acepten sin dificultad por el denominado Principio de Afinidad. Además, pueden pervivir durante años, incluso siglos, sin perder propiedades.

9788498273922
150 x 220 mm- 102 páginas
8€

ALGAS

Clara Castellotti

Por su alto contenido en minerales, vitaminas, ácidos grasos poliinsaturados, proteínas y en enzimas que facilitan su asimilación, las algas tienen un alto valor nutritivo, además de constituir un alimento especialmente digestivo y con propiedades antioxidantes y reguladoras del sistema inmunológico.

9788498271119
136 x 204 mm
258 páginas
13,5€

ALIMENTACIÓN Y SALUD INTEGRAL PARA NIÑOS

Clara Castellotti

En este libro se tratan diversos temas: excesos alimentarios, alimentos naturales, edulcorantes artificiales, aditivos químicos, alergias e hiperactividad infantil... En general, todo el proceso que compone la Alimentación Infantil.

9788498271966
160 x 230 mm
262 páginas
18,5€

ECODIETA

Clara Castellotti

Uno de los conceptos más importantes en la medicina tradicional china es el yang sheng, o bien "aquello que cuida de la vida". El yang shen persigue la salud y el bienestar alimentando a la vez el cuerpo, la mente y el espíritu, en armonía con los ritmos naturales de la naturaleza y sus leyes universales. Este libro es una invitación a practicarlo.

9788498273823
160 x 230 mm
318 páginas
15€

EL CAMINO DE LA ENERGÍA

Clara Castellotti

Tras muchos años de estudio y trabajo con la medicina oriental, la autora ha logrado fundir en su investigación técnicas de otros orígenes culturales, como el Pranayama, el ayurveda, las técnicas de meditación budistas o taoístas, etc.

9788498274219
160 x 230 mm
318 páginas
15€

EL TAO DE LA NUTRICIÓN

Clara Castellotti

En este libro se entiende la nutrición desde el punto de vista de la filosofía oriental, y se detallan los métodos, utensilios, nutrientes, ingredientes y dietas curativas para recorrer este camino hacia la salud, el equilibrio y la plenitud física y espiritual.

9788498279786
136 x 204 mm
224 páginas
12,5€

FITOTERAPIA ENERGÉTICA

Clara Castellotti

La fitoterapia energética consiste en acercarse al conocimiento de la planta no tanto o no solo por los principios activos químicos que posee, sino de una manera más intuitiva y sutil, escuchando su propio lenguaje a través de su color, sabor, olor, forma, etc.

9788498272895
160 x 230 mm
318 páginas
15€

MENOPAUSIA

Clara Castellotti

Aún siendo un libro pensado para prevenir y tratar los inconvenientes físicos y psicológicos que acompañan a la menopausia, este es un libro escrito para las mujeres de todas las edades, ya que llegar a gestionar la última etapa de la vida de una manera óptima, es el resultado de un trabajo constante sobre una misma.

9788498273403
160 x 230 mm
208 páginas
12€

MEDICINA ENERGÉTICA

Clara Castellotti

Este libro es un viaje a través las energías femeninas. Se entrelaza con la explicación del sistema hormonal y reproductor femenino. Reflexiona acerca de la importancia de la dieta e incide en los beneficios de la práctica diaria de la ayurveda. Localiza y explica los puntos de acupresión para tratar las patologías femeninas y mucho más.

9788498274417
155 x 230 mm
310 páginas
15€

FLORES DE BACH PARA ADELGAZAR

Adolfo Pérez Agustí

En este nuevo universo de aplicaciones inéditas, está la terapia para adelgazar mediante las Flores de Bach, una utilidad razonable, pues la mayoría de los sobrepesos se ha desencadenado por una emoción que no hemos resuelto.

9788498274035
136 x 204 mm
132 páginas
8,5€

KINESIOLOGÍA Y FLORES DE BACH

Humberto Iturralde Selman

En este libro, el Dr. Iturralde Selman expone de una forma sencilla pero meticulosa su eficaz método de diagnóstico kinesiológico y en qué manera puede ayudar la Terapia Floral descubierta por Edward Bach en la curación del paciente.

9788498271027
136 x 204 mm
196 páginas
11€

LOS 8 PASOS ESENCIALES DE MINDFULNESS

ANDRÉS FERNÁNDEZ ROSEÑADA Y MAITE RODRIGO

Los efectos terapéuticos de Mindfulness sobre múltiples dolencias están demostrados científicamente. En la actualidad es el sistema de meditación más integral y útil para la práctica médica y con el que más estudios empíricos se ha hecho.

9788498273090
160 x 230 mm- 360 páginas
Libro + CD

19,5€

ANATOMÍA TÁNTRICA

PAULA BANDE

Anatomía Tántrica es la primera guía práctica en español sobre la anatomía sutil del ser humano según la tradición tántrica de la India. En su contenido se expone claramente el recorrido y funcionamiento de los nadis o canales de energía y las marmas o puntos vitales escondidos en el cuerpo físico así como sus funciones.

9788498270839
136 x 204 mm
118 páginas

7,5€

ASHTAVAKRA GITA

YASSINE BENDRISS

El Ashtavakra Gita considerado dentro de la tradición filosófica y religiosa de la India como una de las obras fundamental del Advaita-Vedanta (No-dualismo), postula que sólo el conocimiento del Ser es la respuesta única al problema del conocimiento de la Realidad absoluta y también del sufrimiento humano.

9788498271645
136 x 204 mm
296 páginas

15€

CÓMO ENSEÑAR YOGA A LOS NIÑOS

ANA MARÍA CORDERO

He comprobado que no hay nadie mejor que los niños para enseñarles la práctica del yoga, ya que dominan los asanas con facilidad, además de que todos los ejercicios que se realizan en las clases les proporcionan una gran satisfacción.

9788498272673
136 x 204 mm
226 páginas

10€

DE LA ORACIÓN A LA CONTEMPLACIÓN

CONSUELO MARTÍN

La autora de este bello y hondo libro convoca al lector a un repensar nuevo y sereno, lúcido y universal, que invite a descubrir el misterio de la actitud religiosa.

9788498271560
136 x 204 mm
258 páginas

12,5€

DOMAR EL TORO

YASSINE BENDRISS

El estudio de "Los diez toros del Zen" del Maestro Kakuan (siglo XII de nuestra era) nos invita a descubrir que una vida dedicada, por paradójico que parezca, a la búsqueda de un fin, está vacía de todo contenido; es una persecución incesante que falla siempre.

9788498271430
136 x 204 mm
290 páginas

13,5€

EL ESPÍRITU DEL TANTRA

YASSINE BRENDRISS

Los textos aquí reunidos, algunos de los cuales aparecen por primera vez traducidos al español, constituyen sin lugar a dudas la quintaesencia de las enseñanzas tántricas en el ámbito del Hatha Yoga.

9788498272666
136 x 204 mm
360 páginas

15€

EL NATYASASTRA

IVÁN GONZÁLEZ CRUZ

Este libro sobre el Natyasastra, el tratado de artes escénicas más antiguo que se conoce, ofrece por vez primera importantes hallazgos inéditos que muestran la vigencia de esta obra en el contexto del arte contemporáneo.

9788498273625
160 x 230 mm
170 páginas

11€

EL TAO DEL AMOR, EL SEXO Y LA LARGA VIDA

VARIOS AUTORES

La sexualidad, para los antiguos chinos, era una parte del orden universal y nunca la asociaron al pecado ni a la culpa; según Van Gulik esto explica, junto a la falta de represión, el que la vida sexual fuese sana y sin patología.

9788498279373
136 x 204 mm
188 páginas

8€

EL TAO DEL HOGAR

ENRIQUE CARRIEDO

Este es un libro lleno de ti y lleno de recursos e ideas para afrontar y sacarle el mejor provecho a la vida. La vida no es fácil y es tan diversa como los seres humanos. Ser feliz no es ser feliz sólo un rato, sino a menudo, casi siempre, y saber plantarle al mal tiempo buena cara.

9788498270020
136 x 204 mm
212 páginas

12,5€